君子曰：学不可以已。青，取之于蓝而青于蓝；冰，水为之而寒于水。木直中绳，𫐓以为轮，其曲中规，虽有槁暴，不复挺者，𫐓使之然也。故木受绳则直，金就砺则利，君子博学而日参省乎己，则知明而行无过矣。

―――― 道 之 所 存，师 之 所 存 也 ――――

尊师园书坊

余家菊◎著

首都师范大学出版社

**图书在版编目（CIP）数据**

荀子教育学说／余家菊著．－北京：首都师范大学出版社，2010.10
ISBN 978-7-5656-0190-3
Ⅰ．①荀… Ⅱ．①余… Ⅲ．①荀子－研究②儒家教育思想－研究－中国 Ⅳ．① B222.65 ② G40-092.31
中国版本图书馆 CIP 数据核字（2010）第 195630 号

北京市版权局著作权合同登记号 图字：01-2010-5725 号

尊师园书坊 24

荀子教育学说

余家菊 著

| | |
|---|---|
| **书系策划** | 侯 亮 沭 苇 |
| **责任编辑** | 杜艳茹 |
| **封面设计** | 棱角视觉 |
| 出 版 | 首都师范大学出版社 |
| 地 址 | 北京市海淀区西三环北路 105 号（100048） |
| 电 话 | 总编室：010-68418523 |
| | 市场营销：010-58802818 |
| | 新华书店：010-68418521 |
| 网 址 | www.cnupn.com.cn |
| 邮 箱 | zunshiyuan@hotmail.com |
| 印 刷 | 北京中科印刷有限公司 |
| 版 次 | 2011 年 4 月第 1 版 |
| 印 次 | 2011 年 4 月第 1 次印刷 |
| 开 本 | 787mm×1092mm 1/32 |
| 印 张 | 4.25 |
| 字 数 | 56 千字 |
| 定 价 | 19.60 元 |

版权所有 违者必究
如有质量问题 请与出版社联系退换

# 作者生平

余家菊（1898—1976），字景陶，湖北黄陂人。出身书香之家，7岁入家塾。1912年就读于文华书院，后转中华大学预科。1916年升入中华大学哲学门，1918年毕业留校。1922年2月赴英国留学，先后在伦敦大学、爱丁堡大学攻读哲学、心理学、教育哲学。1924年回国，先后任教于多所大学。毕生勤勉笔耕，留世文字近千万言。在1943年完成的《孔学漫谈》"开场白"篇中，作者首次说明，二十年来的志业在于了解中国文化的精义："因为我相信要国民爱国，必须本国先民的成就有其可爱之处；而且要发扬国民精神，也当从固有的精神中有所抉发。"晚年更以复兴中华文化为念提出实际可行的"复兴爱的文化"观念。晚年作品多半收集在《余家菊景陶先生论著专辑第六辑·中华文化要义》( 台北市慧炬出版社，2001年)。

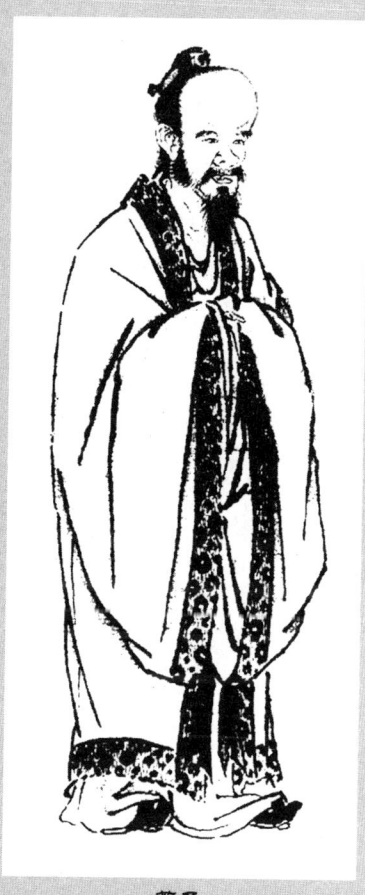

荀子

# 目录

序 …………………… 1

绪论 ………………… 1

性论 ………………… 15

智论 ………………… 37

积论 ………………… 63

渐论 ………………… 83

后论 ………………… 103

# 序

太史公曰："荀卿嫉浊世之政，亡国乱君相属，不遂大道而营于巫祝，信禨祥，鄙儒小拘，如庄周等又滑稽乱俗，于是推儒、墨、道德之行事兴坏，序列著数万言而卒。"术不用于当世，学期传乎后代，著作之意在转变政教，荀子固无异其他大哲人也。窃尝探求荀子之政治思想，未尝不深致其钦崇。荀子之书曰："水火有气而无生，草木有生而无知，禽兽有知而无义。人有气、有生、有知，亦且有义，故最为天下贵也。力不若牛，走不若马，而牛马为用，何也？曰：人能群，彼不能群也。人何以能群？曰：分。分何以能行？曰：义。故义以分则和，和则一，一则多力，多力则强，强则胜物，故宫室可得而居也。故序四时，裁万物，兼利天下，无它故焉，得之分义也。故人生不能无群，群而无分则争，争则乱，乱则离，离则弱，弱则不能胜物，故宫室不可得而居也，不可少顷舍礼义之谓也。能以事亲谓之孝，能以事兄谓之弟，能以事上谓之顺，能以使下谓之君。君者，善群也。（注：善能使人为群也。）"此荀子之政治哲学，言能群则胜物，欲群须各守其分、各尽其义，以相和亲而成团结。荀子又曰："选贤良，举笃敬，兴孝弟，收孤寡，补贫穷，如是，则庶人安政矣。庶人安政，然后君子安位。《传》曰：'君者，舟也；庶人者，水也。水则载舟，水则覆舟。'此之谓也。"此荀子之政策论且足发明人民之革命权。荀子又曰："虽王公士大夫之子孙，不能属于礼义，则归之庶人。虽庶人之子孙也，积文学，正身行，能属于礼义，则归之卿相士大夫。"此荀子地位以才德定之平等社会观也。荀子又曰:"人之生不能无群,群而无分则争,争则乱,乱则穷矣。故无分者,人之大害也;有分者,天下之大利也;而人君者,所以管分之枢要也。故美之者,是美天下之本也;安之者,是安天下之本也;贵之者,是贵天下之本也。古者先王分割而等异之也,故使或美或恶,或厚或薄,或佚或乐,或劬或劳,非特以为淫泰夸丽之声,将以明仁之文,通仁之顺也。故为之雕琢、刻镂、黼黻、文章,使足以辨贵贱而已,不求其观。为之钟鼓、管磬、琴瑟、竽笙,使足以辨吉凶,合欢定和而已,不求其余。为之宫室台榭,足以避燥湿,养德辨轻重而已,不求其外。《诗》曰:'雕琢其章,金玉其相;亹亹我王,纲纪四方。'此之谓也。若夫重色而衣之,重味而食之,重财物而制之,合天下而君之,非特以为淫泰也,固以为王天下,治万变,材万物,养万民,兼制天下者,为莫若仁人之善也夫!"此荀子之统治阶级论,以明政府职在养民,否则民可叛也。故又曰:"厚刀布之敛以夺之财,重田野之税以夺之食,苛关市之征以难其事。不然而已矣,有(注:读为又)掎挈伺诈,权谋倾覆，以相颠倒，以靡敝之，百姓晓然皆知其污漫暴乱而将大危亡也。是以臣或弑其君，下或杀其上，粥其城，倍其节，而不死其事者，无它故焉，人主自取之。"荀子论治论学，通伦类之理，洞成败之故。思虑周浃，情辞恳挚。予既条理其教育学说制为本书。特著其政治论旨于篇首，以示教育家必有社会理想之意云耳。书中所引原文，其句读义释，率依谢校杨注本及王先谦集解本。偶参己见，当否未可知，幸通人教之。书成适为公元一九三四年十二月二十一日，岁云暮矣。春初，予编《孔子教育学说》一册，夏中复成《孟子教育学说》，今岁暮得此而三，此一年者，如是而已矣！

余家菊

荀卿嫉浊世之政，亡国乱君相属，不遂大道而营于巫祝，信禨祥，鄙儒小拘，如庄周等又滑稽乱俗，于是推儒、墨、道德之行事兴坏，序列著数万言而卒。

绪论

**荀子其人** 荀子之生卒年岁，不可得而详。其时代约当公元前三世纪。生平事迹，粗见《史记·孟子荀卿列传》。《史记》云：

荀卿，赵人。年五十始来游学于齐。驺衍之术迂大而闳辩；奭也文具难施；淳于髡久与处，时有得善言。故齐人颂曰："谈天衍，雕龙奭，炙毂过髡。"田骈之属皆已死。齐襄王时，而荀卿最为老师。齐尚修列大夫之缺，而荀卿三为祭酒焉。齐人或谗荀卿，荀卿乃适楚，而春申君以为兰陵令。春申君死而荀卿废，因家兰陵。李斯尝为弟子，已而相秦。荀卿嫉浊世之政，亡国乱君相属，不遂大道而营于巫祝，信禨祥，鄙儒小拘，如庄周等又滑稽乱俗，于是推儒、墨、道德之行事兴坏，序列著数万言而卒。因葬兰陵。

荀子生平行状，略具于是。施以考证，其间问题殊多。第一为荀子姓名问题。荀子之名，或称作"荀卿"，如上述《史记》文是。汉人著作，则常称作"孙卿"，司马贞《史记索隐》以为避宣帝讳"询"，故改称"孙"。然而《荀子》本书，亦二名兼用。《强国篇》既有"荀卿子说齐相"之语，而"孙卿子"之称，则见于《议兵篇》"临武君与孙卿子议兵于赵孝成王前"，又见于《儒效篇》"秦昭王问孙卿子"。故谢墉谓："考汉宣名询，汉时尚不避嫌名。且如后汉李恂与荀淑、荀爽、荀悦、荀彧，俱书本字，讵反于周时人名见诸载籍者而改称之。若然，则《左传》自荀息至荀瑶多矣，何不改耶？且即《前汉书》任敖、公孙敖俱不避元帝之名骜也。盖'荀'音同'孙'，语遂移易。如荆轲在卫，卫人谓之"庆卿"；而之燕，燕人谓之'荆卿'。又如张良为韩信都；《潜夫论》云：信都者，司徒也，俗音不正，曰信都；或曰申徒,或胜屠;然其本一司徒耳。然则'荀'之为'孙'正如此比。以为避宣帝讳,当不其然。"地域不同,语音混淆;时代不同,语音移易,在记载语音之符号尚未绝对统一而完全固定以前,则于同一声音而用类似之不同音符以记录之,乃自然之势也。今日翻译西洋人名地名,于同一人名或地名,于同一书中,每每译作二以上之不同的汉名,即其类比也。谢说允为精当。惟是亦有用两氏并称说以解释之者。胡元仪《郇卿别传考异》云:"郇也,孙也,皆氏也。战国之末,宗法废绝,姓氏混一;故人有两姓并称者。实皆古之氏也。"亦可备一说。

其次荀子年龄问题。或谓荀子卒年盖八十余岁,或谓卒年当一百三十余岁。其推论之出发点,则皆在荀子始游于齐之日,其年岁究为几何。汪中《荀卿子通论》云:

荀子,赵人,名况。年五十始游学来齐,则当湣王之季,故传云:"田骈之属,皆已死也。"又云:"及襄王时,而荀卿最为老师。"盖复国之后,康庄旧人,惟卿在也。襄王之十八年,当秦昭王四十一年,秦封范雎为应侯。《儒效》《强国篇》有昭王、应侯答问,则自齐襄王十八年以后,荀卿去齐游秦也。其明年,赵孝成王元年,本书荀卿与临武君议兵赵孝成王前,则荀子入秦不遇复归赵也。后十一年,当齐王建十年,为楚考烈王八年,楚相黄歇以荀卿为兰陵令。本传云:"齐人或谗荀卿,荀卿乃适楚,而春申君以为兰陵令。"则当王建初年,荀卿复自赵来齐,故曰:"三为祭酒。"是时春申君封于淮北,兰陵乃其属邑,故以卿为令。后八年,春申君徙封于吴,而荀卿为令如故。又十二年,考烈王卒,李园杀春申君,尽灭其族。本传云:"春申君死而荀卿废,因家兰陵……序列著数万言而卒。因葬兰陵。"荀卿之卒,不知何年。《尧问篇》云:"孙卿迫于乱世,鳅于严刑,上无贤主,下遇暴秦。"《盐铁论·毁学篇》:"方李斯之相秦也,始皇任之,人臣无二;然而荀子为之不食,睹其罹不测之祸也。"据《李斯传》,斯之相在秦并天下之后,距春申君之死十八年,距齐湣王之死六十四年。是时荀卿盖百余岁矣。荀卿生于赵,游于齐,尝一入秦，而仕于楚，卒葬于楚。

荀子生平行径之论定，以此说最为简洁而圆通，今从之。《荀卿子通论》又云：

> 刘向《叙录》："卿以齐宣王时来游稷下，后仕楚，春申君死而卿废。"《史记·六国年表》载春申君之死，上距宣王之末凡八十七年。《史记》称"卿年五十始游齐"，则春申君死之年，卿年当一百三十七矣。晁公武《郡斋读书志》谓：《史记》所云年五十为年十五之伪。然颜之推《家训·勉学篇》：荀卿五十，始来游学；之推所见《史记》古本已如此，未可遽以为讹字也。且汉之张苍、唐之曹宪，皆百有余岁，何独于卿而疑之？

人生百岁，自古已稀，因其稀，故可疑。然而止于可疑而已，不能断定其必不然也。何以故？以其非必不可能之事也。于其始来游齐之年，宜姑从《史记》认定为年五十；而于其生平行径，则且认为当如汪中之所推论。

**荀子其书** 荀子其人之生平行事,已略述如上,而其人之著作,则又何如乎?《汉书·艺文志》儒家:《孙卿子》三十三篇;又赋家:《孙卿赋》十篇。《隋书·经籍志》子部儒家:《孙卿子》十二卷;又集部别集:《楚兰陵令荀况集》一卷。《唐书·艺文志》丙部子录儒家类:《荀卿子》十二卷;又杨倞注《荀子》二十卷;又丁部集录别集类:《赵荀况集》二卷。清《四库全书总目》子部儒家类:《荀子》二十卷。且云:

> 《汉志·儒家》载《荀卿》三十三篇。王应麟《考证》谓当作三十二篇。刘向《校书叙录》称孙卿书凡三百二十三篇,以相校除重复二百九十篇,定著三十三篇,为十二卷,题曰《新书》。唐杨倞分易旧第,编为二十卷,复为之注,更名《荀子》,即今本也。

据此,可见孙卿书原有两种,一为三十二篇之论著文,一为十篇之赋或一共二卷之别集。今本《荀子》三十二篇,有赋五篇、诗两篇在内。是为荀子书编次之沿革大要。至其书是否为荀子一手所成，乃至有无后人之杂凑妄增于其间，则杨倞作注，已认为有荀子弟子作品之混合于其中。《大略篇》目下杨倞注云：此盖弟子杂录荀卿之语，皆略举其要，不可以一事名篇，故总谓之大略也。《宥坐篇》目下杨倞又注云：此以下（按指《宥坐》《子道》《法行》《哀公》《尧问》诸篇）皆荀卿及弟子所引记传杂事，故总推之于末。此荀书中有弟子作品之说也。至涉及荀子书与他种经籍之关系者，则谢墉《荀子笺释》序云：

盖自周末历秦汉以来，孟荀并称久矣。《小戴》所传《三年问》，全出《礼论篇》；《乐记》《乡饮酒义》所引俱出《乐论篇》，《聘义》子贡问贵玉贱珉，亦与《法行篇》大同。《大戴》所传《礼三本篇》亦出《礼论篇》；《劝学篇》即《荀子》首篇，而以《宥坐篇》末"见大水"一则附之；《哀公问五义》出《哀公篇》之首。则知荀子所著，载在二《戴记》者尚多，而本书或反阙佚。

此言荀子所著为他书所载之说也。胡适对于此说，持怀疑态度。胡适《中国哲学史大纲》云：

> 大概今本乃系后人杂凑成的。其中有许多篇，如《大略》《宥坐》《子道》《法行》等，全是东拉西扯拿来凑数的。还有许多篇的分段，全无道理，如《非相篇》后两章，全与非相无干。又如《天论篇》的末段，也和天论无干。又有许多篇，如今都在大戴、小戴的书中（如《礼论》《乐论》《劝学》诸篇），或在《韩诗外传》之中，究竟不知是谁抄谁？大概《天论》《解蔽》《正名》《性恶》四篇，全是荀卿的精华所在，其余的二十余篇，即使真不是他的，也无关紧要了。

胡适此款议论，以保留的文笔，表怀疑的情态，谨慎异常。夫古书错简脱篇以及传写讹误，乃事实之所恒有，不可因是而疑及原著之真伪。荀子之时，著作家固已多用论文体，但亦无从断定其绝不兼用语录体，即如《孟子》书中，长篇论文固然甚多，而语录体短文亦非绝然无有。世有因文体不同而疑及荀书之真伪者，似犹有商榷之余地。至于谁抄谁以及孰真孰伪，欲加探究，可从传授的世系上加以追溯，亦可从各人的主要思想上推定或种作品乃其思想上应有之端绪。即如《劝学篇》与《礼论篇》，就荀子之主要思想言之便是荀子应有的著作。盖荀子言性恶，不学则性无从善，无礼则学无所据。学以化性，礼以范学，乃荀子思想上应有之项目。所以于此等偶与他书相同之处，充其量，似亦只可谓荀子与他人共同肩承此项思想之传授而直接间接得之于同一的渊源，故有类似之记载；若谓为后人所袭取于他书以充荀子著作之篇数者，则又何爱于荀子而必为之充足篇数哉？且内容既可拼凑，则何不径直改少篇数之数目，岂不省事多多乎！故持可有而不必有之议论以鉴定古代著作，只以增益纷纷而已。试引汪中《荀子通论》之说于此，于荀子著作之体裁以及荀子学问之渊源，且备一说。

荀卿所学，本长于《礼》。《儒林传》云："东海兰陵孟卿善为《礼》《春秋》，授后苍、疏广。"刘向叙云："兰陵多善为学，盖以荀卿也。长老至今称之曰：'兰陵人喜字为卿，盖以法荀卿。'"又《二戴礼》

并传自孟卿。《大戴礼·曾子立事篇》载《修身》《大略》二篇文,《小戴》《乐记》《三年问》《乡饮酒义篇》载《礼论》《乐论篇》文。由是言之,曲台之礼,荀卿之支与余裔也。盖自七十子之徒既殁,汉诸儒未兴,中更战国、暴秦之乱,六艺之传赖以不绝者,荀卿也。周公作之,孔子述之,荀卿子传之,其揆一也。故其说"霜降逆女"与毛同义;《礼论》《大略》二篇,《谷梁》义具在。又《解蔽篇》说《卷耳》,《儒效篇》说《风》《雅》《颂》,《大略篇》说《鱼丽》《国风》好色,并先师之逸典。又《大略篇》"《春秋》贤穆公","善胥命",则为《公羊春秋》之学。楚元王交本学于浮邱伯,故刘向传《鲁诗》《谷梁春秋》,刘歆治《毛诗》《左氏春秋》,董仲舒治《公羊春秋》,故作书美荀卿,其学皆有所本。刘向又称荀卿善为《易》,其义亦见《非相》《大略》二篇。盖荀卿于诸经无不通,而古籍阙亡,其授受不可尽知矣。《史记》载孟子受业于子思之门人,于荀卿则未详焉。今考其书,始于《劝学》,终于《尧问》,篇次实仿《论语》。《六艺论》云:"《论语》,子夏、仲弓合撰。"《风俗通》云:"谷梁为子夏门人。"而《非相》《非十二子》《儒效》三篇,每以仲尼、子弓并称。子弓之为仲弓,犹子路之为季路,知荀卿之学实出于子夏、仲弓也。《宥坐》《子道》《法行》《哀公》《尧问》五篇,杂记孔子及诸弟子言行,盖据其平日之闻于师友者,亦由渊源所渐,传习有素而然也。故曰:荀卿之学,出于孔氏,而尤有功于诸经。

人之性恶,其善者伪也。

性论

研究教育，可从心理学出发，亦可从社会学出发。研究教育如是，研究政治亦复如是。荀子是政治家，亦是教育家，欲事研究，可从社会学出发亦可从心理学出发。今兹之研究，首及荀子之性论者，盖采心理学的观点，而荀子之性恶论又为荀子思想之根基故也。

孔子以前，人性之善恶，未成讨究之论题，孟荀而后，性善性恶，乃成纷争之焦点。孟子道性善，荀子曰："人之性恶，其善者伪也。"此矛盾抵牾之两说，予后代学者以绝大之刺激而莫不黾勉讨究之。董仲舒谓："圣人之性，不可以名性；斗筲之性，不可以名性；性者，中民之性。"《春秋繁露·实性篇》此性三品说之权舆也。至韩愈乃明谓："性之品有上、中、下三：上焉者，善焉而已矣；中焉者，可导而上下也；下焉者恶焉而已矣。"《原性》王充谓："论人之性，定有善有恶。其善者固自善矣，其恶者故可教告率勉使之为善。"《论衡·率性篇》此有性善有性不善之说也。扬雄谓："人之性也，善恶混；修其善则为善人，修其恶则为恶人。气也者，所以适善恶之马也与？"《法言》此性有善有不善之说也。有性善有性不善，系言性之善恶随人而异；性有善有不善，系言一人之性兼具善恶也。宋儒分性为二，曰：本然之性，气质之性，而气质之性又可变而善。其说实导源于扬雄。性有三品，事实也；然而何故有三品乎？有性善有性不善，亦事实也，然而何故有性善有性不善乎？是二说者，皆未曾有事于说明。若夫善恶混之说与夫气质本然之分，则对于人性不一之事实而企图予以说明之努力也。故不得不谓为进一步的思想。

人性之讨究，诚起于孟荀之争，然而荀子思想之真相究竟何若？吾人试摒弃前人从来之认识而一虚心探究之。似前人之认识，实有未必全真者。吾人于今日存在之荀子书，当然不能断定其绝无脱简错简乃至后人故意附益之病，然而吾人终不得不依据荀子书而参综比较之，以期窥见其真相。为便利妥慎计，试先论荀子对于性善说之破坏论。

孟子曰："人之性善。"曰：是不然。凡古今天下之所谓善者，正理平治也；所谓恶者，偏险悖乱也。是善恶之分也已。今诚以人之性固正理平治邪？则有（注：同又）恶用圣王，恶用礼义矣哉！虽有圣王礼义，将曷加于正理平治也哉？今不然，人之性恶。故古者圣人以人之性恶，以为偏险而不正，悖乱而不治，故为之立君上之势以临之，明礼义以化之，起法政以治之，重刑罚以禁之，使天下皆出于治，合于善也。是圣王之治而礼义之化也。今当去君上之势，无礼义之化，去法正之治，无刑罚之禁，倚而观天下民人之相与也。若是，则夫强者害弱而夺之，众者暴寡而哗之，天下之悖乱而相亡不待顷矣。用此观之，然则人之性恶明矣，其善者伪也。故善言古者必有节于今，善言天者必有征于人。凡论者，贵其有辨合，有符验。故坐而言之，起而可设，张而可施行。今孟子曰"人之性善"，无辨合符验，坐而言之起而不可设，张而不可施行，岂不过甚矣哉? 故性善则去圣王，息礼义矣；性恶则与圣王，贵礼义矣。故檃栝之生，为枸木也；绳墨之起，为不直也；立君上，明礼义，为性恶也。用此观之，然则人之性恶明矣，其善者伪也。直木不待檃栝而直者，其性直也；枸木必将待檃栝、烝、矫然后直者，以其性不直也。今人之性恶，必将待圣王之治，礼义之化，然后皆出于治，合于善也。用此观之，然则人之性恶明矣，其善者伪也。

上所引文，有三层论旨。第一，人性偏险悖乱，故有用于圣王礼义。第二，苟去礼义政刑，则必乱亡。第三，用檃栝之直乎枸木以喻圣王礼义之善乎恶性。

第一论旨，似基于性善则行为必善，行为必善故无所须于教化。教化之兴，以由于行为之悖乱，行为之悖乱又由于人之性恶。故今者当讨论"是否行为必归于善，然后性善之说可以成立"。换言之，即行为之悖乱是否于性恶之外尚可别有原因也。孟子曰："人性之善也,犹水之就下也;人无有不善,水无有不下。今夫水,搏而跃之,可使过颡;激而行之,可使在山。是岂水之性哉?其势则然也!人之可使为不善,其性亦犹是也。"《孟子·告子》水性就下,然而在事实上亦不必就下,因外在的势力可以使其发为逆性的活动也。卢梭谓人性善,一切罪恶皆缘于社会之堕落,苟能离避社会之污染,听任儿童自然发育,则无不善矣。故渠所主张之教育,为消极教育,教育者但须扫除迫人为恶之恶势力,而受教育之发育则不必多所干涉。孟子卢梭皆认定人性虽善而外在势力究可驱使为恶。然而孟子对于人性之发育,又不似卢梭之执持消极态度已也。孟子曰:"苟得其养,无物不长,苟失其养,无物不消。"《孟子·告子》又曰:"今夫𪎭麦,播种而耰之,其地同,树之时又同,浡然而生,至于日至之时,皆熟矣。虽有不同,则地有肥硗,雨露之养,人事之不齐也。"《孟子·告子》依孟子之论,可见人性虽善,而教养之功仍不可缺,环境之良适仍为必要。荀子人性正理平治即无所用乎圣王礼义之说，不足以困难孟子。倘必以为性善即无所用于教化，则是两人之基本根据大有出入，言各有指，未可相非也。然而荀子又似未能贯彻此项论旨者。《性恶篇》曰：

> 圣可积而致，然而皆不可积，何也？曰：可以而不可使也。故小人可以为君子而不肯为君子，君子可以为小人而不肯为小人。小人、君子者，未尝不可以相为也。然而不相为者，可以而不可使也。故涂之人可以为禹则然，涂之人能为禹，未必然也。虽不能为禹，无害可以为禹。足可以遍行天下，然而未尝有能遍行天下者也。夫工匠、农、贾，未尝不可以相为事也，然而未尝能相为事也。用此观之，然则可以为，未必能也；虽不能，无害可以为。然则能不能之与可不可，其不同远矣，其不可以相为明矣。

涂之人可以为禹，而未必果能为禹，是人为之可然且不能期其必然矣，然则人性虽善，又何能期望人人以必归于善耶？

荀子之第二论旨，假设一无政府状态，从而推想其间之争夺悖乱。此其诉诸事实之论证也。在无政府状态之下，必然发生悖乱争夺，此吾人所可承认者也。然而此项议论，只能证明圣王礼义乃至政刑之不可废除，而不能证明悖乱争夺之由于性恶也。在无政府状态之下，不必人人皆陷于悖乱争夺之途，社会之悖乱扰攘争夺类由于少数之狂暴分子，且此少数分子之狂暴亦不必出于其生性之本恶。前已言之，人性虽善，不能期其行为之必归于善。故去圣王息礼义之后，少数分子之悖乱争夺，不足用为摧毁性善说之论据。

荀子之第三论旨，用枸木待檃栝而直以喻性恶待圣王礼义而化。荀子认为直木之性直，枸木之性不直，是竟以形状为本性矣。依是以为推论，则善人之性善，恶人之性恶，善人不待圣王礼义而善，其以性善也。就木之已然形状加之以形容之辞，又即此形容之辞而指为木之本性，实属粗疏已极之论证方法。木之本性，毋宁谓为直向前伸，倘无外力之压迫，其形状率归于直。因枸木之形状而断定其性不直，是何异于因水之在山而断定水性之就上乎？故此论亦不足以摧破性善之说。

持性善说者,曾提出另一论点以难荀子。荀子亦予以解答。《性恶篇》云:

问者曰:"礼义积伪者,是人之性,故圣人能生之也。"应之曰:"是不然。夫陶人埏埴而生瓦,然则瓦埴岂陶人之性也哉?工人斫木而生器,然则器木岂工人之性也哉?夫圣人之于礼义也,辟(同譬)则陶埏而生之也。然则礼义积伪者,岂人之本性也哉?

凡人之性,尧、舜之与桀、跖,其性一也;君子之与小人,其性一也。今将以礼义积伪为人之性邪?然则有(同又)曷贵尧、禹,曷贵君子矣哉?凡所贵尧、禹、君子者,能化性,能起伪,伪起而生礼义。然则圣人主于礼义积伪也,亦犹陶埏而生之也。用此观之,然则礼义积伪者,岂人之性也哉?"

礼义积伪是人之性,此一论点,确足颠覆荀子之论据。荀子能提出解答之,足见其思想之周密,惜乎其解答之不甚圆满耳。上所引文,有两层论旨。第一层使用比喻推论。意若曰：瓦埴非陶人之性，器木非工人之性，故礼义积伪非人之性；陶人埏埴而生瓦，工人斫木而生器，圣人陶埏人而生礼义积伪。孟子所谓戕贼杞柳以为杯棬者，正是此论。比喻推论，最不可恃。荀子此喻，殊未足以服人。陶人诚埏埴以生瓦矣，陶人能揉石以生瓦乎？圣人苟陶埏人以生礼义积伪矣，圣人能陶埏禽兽以生礼义积伪乎？瓜种之所生恒为瓜，豆种之所生恒为豆，陶人埏埴而生瓦，以其所埏者本有可埏之性也。工人斫木而生器，以其所斫者本有可斫之性也。圣人陶埏人而生礼义积伪，以人本有可陶埏以生礼义积伪之性也。故曰：荀子比喻，殊未足以服人。

荀子谓尧、舜之与桀、跖，其性一也。是尧、舜之性恶，同于桀、跖矣。又谓所贵尧、禹、君子者，能化性，能起伪。尧、禹之性既已恶矣，何故又能化性起伪耶？如曰：性恶而仍有化性起伪之可能，则是性恶而行为不必恶矣。彼持性善说者亦将曰：性善而行为不必善，人之行为不善正无碍于其本性之善也。故荀子之第二论旨，于持"礼义积伪是人之性"

荀子之论，有使人迷惑于其性恶说之真意者。《礼论篇》曰：

> 两情者（注：两情谓忧与愉），人生固有端焉。若夫断之继之，博之浅之，益之损之，类之尽之，盛之美之，使本末终始，莫不顺比，足以为万世则，则是礼也，非顺孰修为之君子莫之能知也。故曰：性者，本始材朴也；伪者，文理隆盛也。无性，则伪之无所加；无伪，则性不能自美。性伪合，然后圣人之名一，天下之功于是就也。故曰：天地合而万物生，阴阳接而变化起，性伪合而天下治。

**此种性伪合之议论，与性恶说似不甚相容，夫性既恶矣，则亦用人力以矫之去之化之而已，何所用其合于伪哉？然而荀子则曰：无性，则伪之无所加。是伪有所待于性而后行也。夫相待而成者，必不相反。譬诸甲乙二力，背道而驰，决不能合为一力。今曰性伪合，则是所性与所伪，其本质当不相反。然而荀子之言曰：人之性恶，其善者伪也。性之与伪，其**

内容又似恰相反焉者。此不能使人无疑者一也。《正论篇》曰：

> 世俗之为说者曰："尧、舜不能教化。是何也？曰：朱、象不化。"是不然也。尧、舜，至天下之善教化者也，南面而听，天下生民之属莫不振动从服以化顺之。然而朱、象独不化，是非尧、舜之过，朱、象之罪也。尧、舜者，天下之英也。朱、象者，天下之嵬，一时之琐也。今世俗之为说者，不怪朱、象，而非尧、舜，岂不过甚矣哉？夫是之谓嵬说。羿、蜂门者，天下之善射者也，不能以拨弓曲矢中。王梁、造父者，天下之善驭者也，不能以辟（同躄）马、毁舆致远。尧、舜者，天下之善教化者也，不能使嵬琐化。

夫人性既恶，善既由于化性起伪，则善教化之尧、舜，又何故而不能使嵬琐化乎？嵬琐之为嵬琐，其原因安在，姑不考论。然而嵬琐者恶也，于嵬琐之为恶既不能化之，何至于性之恶又独能矫变之乎？教化之力，既止于嵬琐，则恶人之性，亦当为教化之所失效。依此论以推之，性伪合之说又似确为荀子之真意者。诚以朱、象嵬琐，尧、舜不能施其化，人性果恶，圣人又安得而变正之哉？《性恶篇》曰：

> 古者圣王以人之性恶，以为偏险而不正，悖乱而不治，是以为之起礼义，制法度，以矫饰人之情性而正之，以扰化人之情性而导之也。始皆出于治，合于道者也。

依此，是圣人能矫饰恶的人性矣，又曷为而尧、舜不能教化嵬琐乎？吾人反覆思量，于荀子思想之真意，益不得不虚心以求之。在《性恶篇》之首端，荀子表明其性恶论之论据如下：

> 人之性恶，其善者伪也。今人之性，生而有好利焉，顺是，故争夺生而辞让亡焉；生而有疾恶焉，顺是，故残贼生而忠信亡焉；生而有耳目之欲、好声色焉，顺是，故淫乱生而礼义文理亡焉。然则从人之性，顺人之情，必出于争夺，合于犯分乱理而归于暴。故必将有师法之化，礼义之道，然后出于辞让，合于文理，而归于治。用此观之，然则人之性恶明矣，其善者伪也。

此荀子性恶论之基本论据也。吾人欲了解其意义，须先了解其所谓"性"与"伪"者究具如何之意义也。两人所用名辞，若其内涵一有出入，则议论之文辞每每尽可相反，而议论之实质反至绝无违害。此所以于"性"与"伪"之涵义，不可不慎为审察也。荀子曰：

不可学、不可事而在人者谓之性，可学而能、可事而成之在人者谓之伪。是性伪之分也。今人之性，目可以见，耳可以听。夫可以见之明不离目，可以听之聪不离耳，目明而耳聪，不可学明矣。《荀子·性恶篇》

"不可学，不可事"，杨注解作"不学而能，不事而成"，后之注释者宗之。夫"不可。学不可，事而在人者"与"不学不事而在人者"，其辞意果无差别乎？"可。学而能，可。事而成"与"学而后能，事而后成"，其辞意亦果无差别乎？荀子曰："可以见之明不离目，可以听之聪不离耳，目明而耳聪，不可学明矣。"是荀子于一"可"字，始终未尝粗忽视之。

目之明，耳之聪，盖不仅无待于学，无待于事，实亦非学之所能为力，非事之所能有济者也。"可学而能"之于"学而能"，"不学而能"之于"不可学而能"，其关系有如下图。

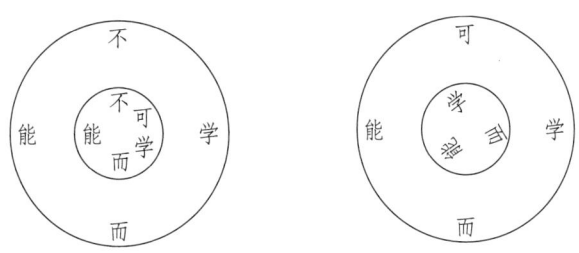

可学而能者，未必果已学而能之，故"可学而能"者之范围大于"学而能"者之范围。非学之所能为力，而依然能之者，只是无待于学而即能之者之中之一部分，故"不学而能"者，其范围大于"不可学而能"者。无待于学而能之者，无碍于加之以学，例如男女饮食，不学而能者也；然而于男女之欲可加之以学而至于男女有别焉；于饮食之欲可加之以学而至于饮食有节焉。又如目之明，耳之聪，不可学者也；然而无碍于加之以学而至于非礼勿视，非礼勿听焉。

荀子之所谓性者,殆摒去其可加之以学之部分而专指其不可学之部分。故曰:"不可学不可事而在人者谓之性。"世人于两"可"字皆忽视之,似为非是。知此,则知荀子之说,实为性可道论,且于一切后天的转变,一概摒诸性情之外。而目之为"伪"其性可导论,可见之于下列之议论中:

"涂之人可以为禹。"曷谓也?曰:凡禹之所以为禹者,以其为仁义法正也。然则仁义法正有可知可能之理,然而涂之人也,皆有可以知仁义法正之质,皆有可以能仁义法正之具,然则其可以为禹明矣。今以仁义法正为固无可知可能之理邪?然则唯(注:读为虽)禹不知仁义法正,不能仁义法正也。将使涂之人固无可以知仁义法正之质,而固无可以能仁义法正之具邪?然则涂之人也,且内不可以知父子之义,外不可以知君臣之正。不然。今涂之人者,皆内可以知父子之义,外可以知君臣之正,然则其可以知之质,可以能之具,其在涂之人明矣。今使涂之人者以其可以知之质,可以能之具,本夫仁义之可知之理,可能

之具，然则其可以为禹明矣。《荀子·性恶篇》

此段议论，从理论上与事实上，说明人皆有可以知仁义法正之质，有可以能仁义法正之具，故涂之人可以为禹。大似性善论者之议论，而不类性恶论者之所执持。"人皆可以为尧舜"，孟子岂不曾明言之乎？此段议论，岂果为后人之所增益乎？吾意非也。荀子之所谓"可以知之质，可以能之具"者，即人性之可导性也，人性之可导性，荀子初不否认之。其所否认者只在不可学不可事之生性之必然统发于善耳。荀子言性，必去乎人为之事。孟子言性，必即乎人为之功。二人心目中之所谓性，根本不同，故无比较之可能。孟子曰："乃若其情，则可以为善矣，乃所谓善也。"《孟子·告子》是其所谓性善者，明明系就"性之可以为善"以言之也。"可以为"三字，万不可忽略放过。荀子持论，恰恰相反，于"学"，于"事"，于"为"，一概划出于性之范围之外。虽然人之肯学、肯事、肯为，毕竟系发于人性之自然，孟子之说终较荀子为优。然而依一定的观点，厘定确定的界说，而自为其条贯的思考,固为学者之当然权利,荀子本不必自同于孟子之界说。特是吾人不可不察两人界说之歧异,而致误认两人思想之果然冲突耳。总言之,孟子言性,系就其"可以为"者而言之;荀子言性,系就其"不可事"者而言之,言各有指,初不相反。

荀子主张化性起伪,且将化之与伪概归于人为,而无与于性之作用。故曰:

> 人之性恶,其善者伪也。今人之性,生而有好利焉,顺是,故争夺生而辞让亡焉;生而有疾恶焉,顺是,故残贼生而忠信亡焉;生而有耳目之欲、好声色焉,顺是,故淫乱生而礼义文理亡焉。然则从人之性,顺人之情,必出于争夺,合于犯分乱理而归于暴。《荀子·性恶篇》

吾人阅读此文,于"顺是"二字,万不可忽。荀子之意,只谓性不可顺,情不可从而已,自是性可导论者之本色。其所重视者,在予性以化导,与"节性""养性"之说,初不相妨。荀子谓:"人之性恶,其善者伪也。"郝懿行曰:"'伪',作为也;'伪'

与'为'古字通。""人之性"为一名词短语，为下文"恶"之主辞；下文"其"字，当指"人之性"而非指"人"，故"人之性恶，其善者伪也"应解作"人之性恶，性善乃由于为"。似此，则合于人性可导而善之主要意旨矣。荀子谓："不可学、不可事而在人者谓之性，可学而能、可事而成之在人者谓之伪。"其所谓"事"与"伪"者，又属如何之意义乎？《正名篇》曰：

> 生之所以然者谓之性。性（注：当作生）之和所生，精合感应，不事而自然谓之性。性之好、恶、喜、怒、哀、乐，谓之情。情然而心为之择谓之虑。心虑而能为之动谓之伪。虑积焉、能习焉而后成谓之伪。正利而为谓之事。正义而为谓之行。所以知之在人者谓之知。知有所合谓之智。智（注：字衍）所以能之在人者谓之能。能有所合谓之能。

"事"之意义为正利而行。何以知其正利，则有赖于虑。"伪"有能为积习之意。然而能为积习又当何所为何所习乎？则必用虑以择之。"虑"者，辨别

思考之谓也。性善乃由于伪,而伪之所向则全恃乎辨别思虑。是荀子之性论,实际上乃以思导性之说也。孟子曰:

> 恻隐之心,人皆有之;羞恶之心,人皆有之;恭敬之心,人皆有之;是非之心,人皆有之。恻隐之心,仁也;羞恶之心,义也;恭敬之心,礼也;是非之心,智也。仁、义、礼、智,非由外铄我也,我固有之也,弗思耳矣。《孟子·告子》

又曰:

> 耳目之官,不思而蔽于物。物交物,则引之而已矣。心之官则思。思,则得之,不思,则不得也。《孟子·告子》

荀孟二子,于性之可以为善,其所见既同;而于导性向善之有待于辨别思虑,其所见又同。故二家之说,极形近似,至于其所以一倡性善,一标性恶者,则全由于两人对于性之界说,一则就其"可以为"之点而言之,一则去其"可以为"之点而言之也。人之为善，毕竟系出自本性。本性不向善，圣人之教，礼义之化，皆无能为力矣。况圣人与我同类，人性皆恶，圣人何能独异？倘圣人之性亦恶，则圣人又何由而能示人以礼义法正也哉？故即人之肯为善而主张性善，其说似较性恶论为平实简易。然而荀子既认定不可学不可事而在人者谓之"性"，又谓性可由积习思虑以导入于善，则言各有当，自成一说，亦不必强加轩轾。特是不察其实，而蔽于其名，是为人类之恒情；此所以千百年来聚讼纷纭，莫可终结也。

心何以知?曰:虚一而静。

智论

性既待思虑辨择而后善，故致知穷理之事，甚为重要。《荣辱篇》曰：

凡人有所一同，饥而欲食，寒而欲暖，劳而欲息，好利而恶害，是人之所生而有也，是无待而然者也，是禹、桀之所同也。目辨白黑美恶，耳辨音声清浊，口辨酸咸甘苦，鼻辨芬芳腥臊，骨体肤理辨寒暑疾养，是又人之所常生而有也，是无待而然者也，是禹、桀之所同也。可以为尧、禹，可以为桀、跖，可以为工匠，可以为农贾，在（执）（注：衍文）注错习俗之所积耳。（是又人之所生而有也，是无待而然者也，是禹、桀之所同也，）（注：衍文）为尧、禹则常安荣，为桀、跖则常危辱，为尧、禹则常愉佚，为工匠农贾则常烦劳。然而人力（注：当为多）为此而寡为彼，何也？曰：陋也。

又曰：

> 陋也者，天下之公患也，人之大殃大害也。故曰：仁者好告示人。告之示之，靡之儇之，铅之重之，则夫塞者俄且通也，陋者俄且僩（注：僩闲古字同）也，愚者俄且知也。

上文意谓禹、桀生性一同，其所以或为禹或为桀者，乃由于积习之不同。至于积习之所以不同，则又由于有陋有不陋也。《修身篇》曰："多闻曰博，少闻曰浅，多见曰闲，少见曰陋"，陋系就知识而言，可概见矣。曰"仁者好告示人"，告示亦所以启发人之心智也。化性起伪，必须乎智，此言殊甚显然。

荀子重知，故于求知之心理条件，三致意焉。求知之心理条件，有消极的与积极的两方面。消极的方面为"解蔽"，积极的方面为"虚一而静"。请先述其消极的方面。《解蔽篇》曰：

## 智论

凡人之患，蔽于一曲而暗于大理。治则复经，两疑（王先谦《集解》云天下之道一而已矣，有与之相敌者，是为两；有与之相乱者，是为疑。）则惑矣。天下无二道，圣人无两心。今诸侯异政，百家异说，则必或是或非，或治或乱。乱国之君，乱家之人，此其诚心莫不求正而以自为也，妒缪于道而人诱其所迨（注：近也，谓所好也）也。私其所积（注：习也），唯恐闻其恶也。倚其所私，以观异术，唯恐闻其美也。是以与治虽（注：当作离）走而是己不辍也，（注：言离去正道而走，而自以为是，不辍止也。）岂不蔽于一曲而失正求也哉！心不使焉，则白黑在前而目不见，雷鼓在侧而耳不闻，况于使（注：当作蔽）者乎！

感情的偏私可以转移认识作用，使其不能正确，或且大谬绝伦，然而自身不察，反且自以为是而不肯略一反省焉。此求知之根本大患也。此患不去，真知不获。人情喜怙过饰非，人情亦好是己而非异。故曰：私其所积，唯恐闻其恶也；倚其所私以观异术，唯恐闻其美也。《大学》曰："所谓修身在正其心者：

身有所忿懥则不得其正；有所恐惧则不得其正；有所好乐则不得其正；有所忧患则不得其正；心不在焉，视而不见，听而不闻，食而不知其味——此谓修身在正其心。"曰"有所"者，曰"不在焉"者，皆心已先为一物所蔽之意也。此一物者，或为情感，或为成见，或为外物，则殊不一定。《大学》又曰："人之其所亲爱而辟焉，之其所贱恶而辟焉，之其所畏敬而辟焉，之其所哀矜而辟焉，之其所敖惰而辟焉。故好而知其恶，恶而知其美者，天下鲜矣！故谚有之曰：'人莫知其子之恶，莫知其苗之硕。'""之其所……而辟焉"者，依感情之所向而陷于认识之谬误也。不因好之而不知其恶，不因恶之而不知其美，是认识作用不因感情作用而丧失其正确也。人于其子，爱之至，故不察其恶；人于其苗，望之殷，故不觉其硕，感情足以转移认识，乃出于心理作用之自然而为从事求知者之所应矫正防范者也。此二段所言，与荀子之意，如合符节。《解蔽篇》曰：

> 墨子蔽于用而不知文，宋子蔽于欲而不知得

（注：通德），慎子蔽于法而不知贤，申子蔽于执而不知知（注：音智），惠子蔽于辞而不知实，庄子蔽于天而不知人。故由用谓之道，尽利矣；由俗（注：当为欲）谓之道，尽嗛矣；由法谓之道，尽数矣；由执谓之道，尽便矣；由辞谓之道，尽论矣；由天谓之道，尽因矣。此数具者，皆道之一隅也。夫道者，体常而尽变，一隅不足以举之。曲知之人，观于道之一隅而未之能识也，故以为足而饰之，内以自乱，外以惑人，上以蔽下，下以蔽上，此蔽塞之祸也。

大抵学者专研既久，心习遂牢，故每每囿于所知而不见其所未习。墨子为功利所蔽而不知礼乐之文饰；若由于实用，而认为是即为道，则道尽于求利矣。宋子蔽于人之有欲而不知尚德；若从人所欲，不加节制，而认为是即为道，则道尽于快意矣。慎子蔽于法治而不知法待贤而举；由法不由贤，而认为是即为道，则道尽术数矣。申子蔽于权势，主张以刑威驭下，不知权势须有才智以运用之；由势不由智，而认为是即为道，则道尽于便宜矣。惠子蔽于虚辞，不知实理；由虚辞不由实理，而认为是即为道，则道尽于辩说矣。庄子蔽于无为自然之道，不知人功之作用；从天然不从人为，认为是即为道，则道尽于因任自然无从治化矣。此数子者，皆蔽于成见囿于一说者也。

解蔽为求知之消极的条件。其积极的条件虚一而静，本为心理上可有之自然现象，求知者须当保持之，勿使丧乱，则求知之积极条件具备矣。《解蔽篇》曰：

> 心何以知？曰：虚一而静。心未尝不臧（注：通藏）也，然而有所谓虚。心未尝不满（注：当为两）也，然而有所谓一。心未尝不动也，然而有所谓静。人生而有知，知而有志。志也者，臧也，然而有所谓虚，不以所已臧害所将受谓之虚。心生而有知，知而有异，异也者，同时兼知之。同时兼知之，两也。然而有所谓一，不以夫一害此一谓之一。心，卧则梦，偷则自行，使之则谋。故心未尝不动也，然而有所谓静，不以梦剧乱知谓之静。未得道而求道者，谓之虚一而静。作之，则将须道者之虚则人（注：当

为入），将事道者之一则尽，尽（注：疑衍）将思道者（注：疑脱之字）静则察。

此荀子解答心以何法而知之问题也。人心有藏、有两、有动，然而不害其可虚、可一、可静，人生而有认识作用，有认识作用，即有印象，印象即为记持其所认识。然而所记持者，不害于其所将接受者。认识作用既生，又知有差别之存在，所谓认识者根本即以认识差别为其精髓。故认识作用于互异之两物同时兼知之。同时兼知之，是一个动程而兼具两种作用。虽然兼具两种作用，仍不失其综合统一性，不以互异之两端中之任何一端有所妨害于其他之一端。认识作用之中，又有定静之情状。卧梦、偷纵、谋虑，皆心之动也。然而不因想象烦嚣错乱其知。虚、一、静，皆此心可有之自然现象，然而亦为求知之当然法则。对于不知而求知之人，当告之以虚一而静，勿以成见害所初闻，勿见一端而遗弃他端，勿以纷动而丧失宁静。上所引文中，所谓"谓之虚一而静"者，私意"之"字指"未得道而求道者"，"谓之"之意，犹云

"告之"也。下文"作之则"者，为求道者树立法则也。法则维何？即将须道者之虚，虚则能入也；将事道者之一，一则能尽也；将思道者之静，静则能察也。故谓虚一而静，又为求知之当然法则。虚者，不怀成见也；一者，综合两异端也；静者，保持其灵明情状也。是为求知之积极条件。虚、一、静三者，又有连续关系。虚则一，一则静，故曰"虚一而静"，"而"字有连贯三者之用。《解蔽篇》曰：

取三以上之物而对勘之，曰参稽，取两物而对勘之，曰赞稽，是或一说也。诚以既求兼知，于论题中所有各端，自当一概审核之也。

《解蔽篇》又云：

故《道经》曰："人心之危，道心之微。"危微之几，惟明君子而后能知之。故人心譬如槃水，正错而勿动，则湛浊在下而清明在上，则足以见须眉而察理矣。微风过之，湛浊动乎下，清明乱于上，则不可以得大形之正也。心亦如是矣。故导之以理，养之以清，物莫之倾，则足以定是非，决嫌疑矣。小物引之则其正外易,其心内倾,则不足以决庶理矣。

此言定是非,决嫌疑,必须心境清明而后可。心境如何而能清明乎?是则有待于"导之以理"而"养之以清"。能导之以理、养之以清,则物诱莫之能倾矣。是为以理导心,以清养心。《正名篇》曰:

> 志轻理而不重物者,无之有也;外重物而不内忧者,无之有也。行离理而不外危者,无之有也;外危而不内恐者,无之有也。心忧恐则口衔刍豢而不知其味,耳听钟鼓而不知其声,目视黼黻而不知其状,轻暖平簟而体不知其安。故向万物之美而不能嗛也。

此言志轻理则内忧,行离理则内恐,内恐则认识作用举失其正。味、声、状、触如是,而是非之判断,嫌疑之辨别,则尤为如是。认识而欲正确,必须扫除情感,一秉正理以衡之。譬如决囚,生之非由于我之爱之,死之亦非由于我之恶之;揆之于理,彼实当生,非由于我欲其生;揆之于理,彼实当死,亦非由于我欲其死。摒绝一切主观的偏向,而衡之以严格的理智,然后判断可几于正确。此所谓"导之以理"

也。《解蔽篇》曰：

> 凡观物有疑、中心不定，则外物不清；吾虑不清，则未可以定然否也。冥冥而行者，见寝石以为伏虎也，见万物莫形而不见（注：读为现），莫见而不论（注：读为伦），莫论（注：读为伦）而失位，坐于室而见四海，处于今而论久远。疏观万物而知其情，参稽治乱而通其度。经纬天地而材（注：或为裁）官（注：谓不失其任）万物，制割大理而宇宙里（注：当为理）矣。恢恢广广，孰知其极？睪睪（注：读为昊昊，广大貌）孰知其德？涫涫（注：沸貌）纷纷，孰知其形？明参日月，大满八极，夫是之谓大人，夫恶有蔽矣哉？

此言宇宙万物，本有一定之秩序条理。大人者，明参日月，大满八极，能明能大，乃能认识万物之极乃至其德其形。欲知万物之情，必须疏观之。欲通治乱之度，必须参稽之。疏观与参稽，皆求虚之术，亦即求知之法。疏观者，贯通之也；参稽者，对勘之也。贯通与对勘，实为求知之重要方术。《解蔽篇》

又曰：

> 心枝（注：通岐）则无知，倾则不精，贰则疑惑。以赞稽之，万物可兼知也。身尽其故则美，类不可两也，故知者择一而壹焉。农精于田而不可以为田师，贾精于市而不可以为贾师，工精于器而不可以为器师。有人也，不能此三技而可使治三官，曰：精于道者也，（注：似脱一非字）精于物者也。精于物者以物物，精于道者兼物物。

此言认识活动必须保持其综合统一之作用。若走入歧径则于全境无所知，若偏于一曲则于至理无所识，若可否两受则疑惑滋生。故求知之法，在于赞稽万物以求兼知。兼知之，即起综合作用矣。精于物者以物物，仅知一物之为物，精于道者兼物物，概知各物之为各物。故能身尽其事故，而使同类者皆综合为一，不使成为两，再取此一而一心执持之。"赞稽"二字，杨注解作"助考"。《说文解字》："赞，见也。"《易》："昔者圣之作易也，幽赞于神明而生蓍。"韩康伯注云："赞，明也。""赞"字三义，未知孰合于荀子本意。窃意赞稽与参稽之义相近。

见植林以为后（注：疑为立）人也，冥冥蔽其明也。醉者越百步之沟，以为跬步之浍也，俯而出城门，以为小之闺也，酒乱其神也。厌目而视者，视一以为两；掩耳而听者，听漠漠而以为哅哅：执乱其官也。故从山上望牛者若羊，而求羊者不下牵也，远蔽其大也。从山下望木者，十仞之木若箸，而求箸者不上折也，高蔽其长也。水动而景摇，人不以定美恶，水势玄也。瞽者仰视而不见星，人不以定有无，用精惑也。有人焉，以此时定物，则世之愚者也。彼愚者之定物，以疑决疑，决必不当。夫苟不当，安能无过乎？

此言决定是非，必须去其疑乱。神乱心疑，决不足以定是非，是为"养之以清"。养之以清，导之以理，皆为求静之方法。静也、一也、虚也，皆求知之积极的心理条件，而三者又复连环相生。虚而后能一，一而后能静。不为成见所蔽，乃能虚受。能虚受乃能兼知异端，择善而从，或融合两端，统括为一，而固执之。取舍既决，趋向已定，则是知其所止，自然能定能静矣。故荀子又力言学止。《解蔽篇》曰：

> 学，老身长子而与愚者若一，犹不知错，夫是之谓妄人。故学也者，固学止之也。恶乎止之？曰：止诸至足。曷谓至足？曰：圣也。圣也者，尽伦者也。王也者，尽制者也。两尽者，足以为天下极矣。故学者，以圣王为师，案以圣之制为法，法其法以求其统类，类（注：疑衍）以务象效其人。向是而务，士也；类是而几，君子也；知之，圣人也。

此言依傍他力以为学也。物理法度，两尽其宜者，足为天下之准则，所以为至足之境，而为学者之所当依止。效法其法则以求其法则之要领，以模仿其为人。使自身性格与彼相化。具有与彼相类似之性格，然后于彼听认识之真理，始能认识之。性格与认识，具有密切关系。教育家于受教育者未依恃自力以求真理之先，必当依据健全的典型，以培成受教育者之优良性格，使其性格不至为害于彼之求真活动于未来。此依傍他力以为学之所以必要，而法圣王之说之所以不可蔑视也。然而荀子于依自力以致思之事，亦复频频及之。《解蔽篇》曰：

> 空石之中有人焉，其名曰觙，其为人也，善射（注：设为廋辞隐语，使人意度之也）以好思。耳目之欲接则败其思，蚊虻之声闻则挫其精，是以辟耳目之欲，而远蚊虻之声，闲居静思则通。思仁若是，可谓微乎？孟子恶败而出妻，可谓能自强矣（注：疑脱未及思也四字）；有子恶卧而焠掌，可谓能自忍矣，未及好也。辟耳目之欲，（可谓能自强矣，未及思也。）（注：此十字疑衍）蚊虻之声闻则挫其精，可谓危矣，未可谓微也。夫微者，至人也。至人也，何强？何忍？何危？故浊明外景，清明内景。圣人纵其欲，兼其情，而制焉者理矣。夫何强？何忍？何危？故仁者之行道也，无为也；圣人之行道也，无强也。仁者之思也恭。圣人之思也乐。此治心之道也。

此言思能致通，故当静思。有强而未必能思者，有能思而未必能好思者，有能危以思而未必能思而微者，皆致思之情态上之差别也。仁者之思也恭，故虚一而静；圣人之思也乐，故无强、无忍、无危。圣人从心所欲不逾矩，因其辨理纯熟，故任何行为皆与理合。是荀子以理为求知之目的，以思为求知之方法。要可见矣。曰："辟耳目之欲，而远蚊虻之声，闲居静思则通"，似以静思为求通之必要方法，于感觉经验，虽不否认其认识功能，但其重思维胜于感经验之意，则殊为显然。荀子于感觉经验之不可无条件而依恃之，所见极为真切。《解蔽篇》曰："从山上望牛者若羊，而求羊者不下牵也，远蔽其大也；从山下望木者，十仞之木若箸，而求箸者不上折也，高蔽其长也。"此正常状态下感觉经验之不甚正确，乃人人之所通知，而荀子之所深加措意者也。然而荀子并不否认感觉之认识功能。《正名篇》曰：

贵贱不明，同异不别，如是则志必有不喻之患，而事必有困废之祸。故知者为之分别，制名以指实，上以明贵贱，下以辨同异。贵贱明，同异别，如是则志无不喻之患，事无困废之祸，此所为有名也。然则何缘而以同异？曰：缘天官。凡同类同情者，其天官之意物也同，故比方之疑似而通，是所以共其约名以相期也。形体、色、理以目异，声音清浊、调竽奇声以耳异，甘、苦、咸、淡、辛、酸、奇味以口异，香、臭、芬、郁、腥、臊、洒、酸（注：疑当为漏庮，朽木臭也）奇臭，以鼻异，疾、养、沧、热、滑、铍（注：当为鈹，与涩同）、轻、重以形体异，说（注：悦也）、故（注：作而致其情也）、喜、怒、哀、乐、爱、恶、欲以心异。心有征知。征知则缘耳而知声可也，缘目而知形可也，然而征知必将待天官之当簿其类然后可也。五官簿之而不知，心征之而无说，则人莫不然谓之不知，此所缘而以同异也。

此论经验何故而有异同。一切经验上的差别，皆起于天生官能之有异。凡同类的生物，其天官之意识物象也莫不相同，故于其所意识者取而比方之，辄相似而相通。所以使其共同约名以相期会。形、体、色、理之所以特成为形、体、色、理之经验者，乃由于目之作用之故。声音清浊、调竽奇声之所以特成为声音清浊、调竽奇声者，乃由于耳之作用之故。推而至于味觉经验之所以成为味觉经验，臭觉经验之所以成为臭觉经验，痛、痒、冷、热、滑、涩、轻、重、悦、故、喜、怒、哀、乐、爱、恶、欲诸经验之所以成为是等经验，亦莫不由于天生官体之各具一种特殊的功能也。此心虽然能自动地发为认识作用，不必待五官之接受刺激，是即所谓征知者，然而征知之事，不能离耳以知声，离目以知形，必须天官之当簿其类。若天官所簿非类，以耳接形，以目接声，则形觉声觉之经验不能构成。五官簿之而无所觉，心征之而不得其意，是即不知矣，故经验性质之所缘而有差别，乃缘于天官功能之各异。高等心思虽可发为征知活动，然而必须借重于天官之当簿其类的活动，认识作用，始能构成。

求知又须思维。荀子于思维之术，亦殊经心。《正名篇》曰：

> 名也者，所以期累（注：当为异）实也。辞也者，兼异实之名以论一意也。辨说也者，不异实名以喻动静之道也。期命也者，辨说之用也。辨说也者，

心之象道也。心也者，道之工宰也。道也者，治之经理也。心合于道，说合于心，辞合于说，正名而期，质请（注：当为情）而喻。辨异而不过，推类而不悖，听则合文，辨则尽故。以正道而辨奸，犹引绳以持曲直，是故邪说不能乱，百家无所窜。

此言辨说思维之准则。名之功用，在别异实体。故曰："同则同之，异则异之。单足以喻则单，单不足以喻则兼。单与兼无所相避则共，虽共，不为害矣。知异实者之异名也，故使异实者莫不异名也，不可乱也，犹使异（注：当为同）实者莫不同名也。故万物虽众，有时而欲遍举之，故谓之'物'。'物'也者，大共名也。推而共之，共则有共，至于无共然后止。有时而欲遍（注：当为别）举之，故谓之'鸟兽'。'鸟兽'也者，大别名也。推而别之，别则有别，至于无别然后止。"《正名篇》辞之功用，在说明一个意旨，而其构成则在于兼综二以上之异实之名。每一判断之构成，至少必须综合两个名辞。结合二名之判断为肯定判断，分离二名之判断为否定判断。无论为肯定抑为否定，每一判断终必兼异实之二名以论定一意。所谓"论"者，即肯定之或否定之也。辨说即推理作用。推理之功用在晓谕动静，动静即是非也。推理所含之实名，不异于其所依据之辞之所含有者。在三段论式中，其结论所含之名辞，必须已见于其大前提或小前提之中者。故曰："不异实名以喻动静。""命"者，公认一名以指一物也。故曰："名无固宜，约之以命。"《正名篇》"期"者，名不能喻，更以形状大小会之。例如以"马"名马，是为"命"；于"马"之名更以"大""小""黑""白"等字会之，是为"期"。期命也者，辨说之用也。盖辨说之功用在晓谕是非，晓谕是非即所以使名实相应而无错迕也。道由心出，故曰："心也者，道之工宰也。"心之想象乎道，又全恃推理作用。故曰："辨说也者，心之象道也。"凡此，皆言推理作用之构成及其各阶段之作用。于是更进而申述推理之当然法则。

道为求治之常理。既已见道，而心与之合矣，则当据道以为演绎的推论。依据根本原理以为推论，并依据推论以为判断。故曰："心合于道，说合于心，辞合于说。"至于归纳推理，则首当正各物之名，本其实而喻指之。其次乃辨别其不同者，勿使过差；推扩其同类者，勿使乖悖；是为分类工夫。"听则合文，辨则尽故"者，杨注谓为："听它人之说，则取其合文理者；自辨说则尽其事实也。"窃意《说文解字》云："文，错画也，象交文。""听则合文"者，评判一种推理，当会合其所交错之理论以勘验之也。归纳推理之结论，不可与前已成立之定论相违背，否则必须能推翻已成之定论而后可。故荀子为人树立一种实际法则曰："听则合文。""辨则尽故"者，自为推理时，须于一切事实莫不穷搜而统括之也。归纳推理，有一种事实未曾顾及，或即至于颠覆其整个的结论。故荀子又示人以一种实际法则曰："辨则尽故。"为演绎推论，或归纳推论，果能恪守上述之诸种法则，当然"邪说不能乱，百家无所窜"矣。

荀子又于推论之所见谬论，见有三惑之存焉。《正名篇》曰：

"见侮不辱""圣人不爱己""杀盗非杀人

也"——此惑于用名以乱名者也。验之所以（注：疑衍）为有名而观其孰行，则能禁之矣。"山渊平""情欲寡""刍豢不加甘，大钟不加乐"——此惑于用实以乱名者也。验之所缘无（注：疑衍）以同异而观其孰调，则能禁之矣。"非而谒楹有牛，马非马也"——此惑于用名以乱实者也。验之名约，以其所受悖其所辞，则能禁之矣。凡邪说辟言之离正道而擅作者，无不类于三惑者矣。

此段文字，不能尽通，但其大要，可得而解。"杀盗非杀人"，乃误于"盗"与"人"之为二名，而不察盗实为人之一类。故为惑于用名以乱名。破之之法，在于验其所以为名而观其可行与否。如谓"杀盗非杀人"，则"盗"之为名必非所以指称任何人者，然而事实上不如是也。"山渊平"，乃误于谬执名之所指，其实无定，只缘固定于创名时之所期命，故高之与下，可以随意更易，虽谓山与渊平，亦无不可。殊不知名以喻实，实同则喻之以同名，实异则喻之以异名；今若于高下不同之山与渊竟称为平，则"平"字所指之实情错乱，而意思有不喻之患矣。故破之之法，在验其所缘以同异而观其得调理与否，"马非马"者，以概念上所谓马者本为某种形状之一物，今兹所见之马则白其色或黑其色，故用以称马之"马"名非今兹所见之马。是为以马之名乱马之实。破之之法，在指出其所是者之违反其所非者，今兹所见之马，乃马之概念之上更附益之以颜色之形容辞者，故白马不得谓为非马。因白马与马，名虽不同，而其实质则极多共同之点也。

荀子之时，学者务为奇辞巧辩以相夸胜，不精察事实之真相，事理之统类，变端之齐一。荀子患之，于立言之术，汲汲探求其准则，故其所见，多有可述，如上之所已言者。故荀子又曰：

> 君子之言，涉然而精，俛然而类，差差然而齐。彼正其名，当其辞，以务白其志义者也。彼名辞也者，志义之使也，足以相通则舍之矣；苟之，奸也。故名足以指实，辞足以见极，则舍之矣。外是者谓之讱，是君子之所弃，而愚者拾以为己宝。故愚者之

言，芴（注：同忽）然而粗，啧然而不类，諮諮然而沸。彼诱其名，眩其辞，而无深于其志义者也。故穷藉而无极，甚劳而无功，贪而无名。

圣人者,人之所积而致矣。

积论

荀子谓性恶，化性起伪，乃即于善。或善或恶，全系于为，为之则善，不为则恶。孟子言性善，亦重行为。曰："乃若其情，则可以为善矣"；曰："人皆可以为尧、舜"；其重视行为之意，昭昭然矣。特是既认性为善，则存养此性，勿使丧亡，自是应有之推论。故孟子又常言存养之事。曰："学问之道，求其放心而已矣"；曰："古之人所以大过人者无他焉，善推其所为而已矣。"性既善矣，故只须操存，勿使佚放，便不失其善；只须推广，勿使停滞，便不竭其用。一切作为，皆发诸内心，其气运自然，其生机活泼，为善之时，有油然不尽之兴趣。荀子言性恶，性恶自无所用其存养，更无所用其扩充。修养要术，全在力行。有似逆水行舟，怠懈不得，其势紧张，其情枯塞窘迫。此孟、荀修养议论之所缘而不同也。《儒效篇》曰：

> 性也者，吾所不能为也，然而可化也；情（注：当为积）也者，非吾所有也，然而可为也。注错习俗，所以化性也。并一而不二，所以成积也。习俗移志，安居移质，并一而不二则通于神明，参于天地矣。故积土为山，积水而为海，旦暮积谓之岁。至高谓之天，至下谓之地，宇中六指谓之极；涂之人百姓积善而全尽谓之圣人。彼求之而后得，为之而后成，积之而后高，尽之而后圣。故圣人也者，人之所积也。

性成于自然，非人力之所能施为，然而可导而化也。导而化之，是为人为，化之而不一其次，则成积习；积习也者，化性之方法也。积之而不改，习之而不变，遵循前辙，无所更易，久而久之，自志安而质移矣。一撮之土，可以为山；一勺之水，可以成流；人患无恒耳。有恒，则圣可积而成也。《性恶篇》曰：

> "涂之人可以为禹。"曷谓也？曰：凡禹之所以为禹者，以其为仁义法正也。然则仁义法正有可知可能之理，然而涂之人也，皆有可以知仁义法正之质，皆有可以能仁义法正之具，然则其可以为禹明矣。今以仁义法正为固无可知可能之理邪？然则唯（注：当为虽）禹不知仁义法正，不能仁义法正也。将使涂之人固无可以知仁义法正之质，而固无可以能仁义法正之具邪？然则涂之人也，且内不可以知父子之义，外不可以知君臣之正。不然。今涂之人者，皆内可以知父子之义，外可以知君臣之正，然则其可以知之质，可以能之具，其在涂之人明矣。今使涂之人者以其可以知之质，可以能之具，本夫仁义之可知之理，可能之具，然则其可以为禹明矣。今使涂之人伏术为学，专心一志，思索孰察，加日悬久，积善而不息，则通于神明，参于天地矣。故圣人者，人之所积而致矣。

禹之所能为，涂之人亦可以为之，患在不为而已。涂之人果能伏膺道术，熟察精思，积之以长久之时日，持之以不懈之精神，则圣人可为而至也。《劝学篇》曰：

积土成山，风雨兴焉；积水成渊，蛟龙生焉；积善成德，而神明自得，圣心备焉。故不积跬步，无以至千里；不积小流，无以成江海。骐骥一跃，不能十步；驽马十驾，功在不舍。锲而舍之，朽木不折；锲而不舍，金石可镂。螾无爪牙之利，筋骨之强，上食埃土，下饮黄泉，用心一也。蟹六跪而二螯，非蛇蟮之穴无可寄托者，用心躁也。是故无冥冥之志者无昭昭之明，无惛惛之事者无赫赫之功。行衢道者不至，事两君者不容。目不两视而明，耳不两听而聪。螣蛇无足而飞，梧鼠五技而穷。《诗》曰："尸鸠在桑，其子七兮。淑人君子，其仪一兮。其仪一兮，心如结兮。"故君子结于一也。

上言积善之道，在心结于一，锲而不舍。心结于一者，志力集中也。锲而不舍者，自强不息也。能志力集中，不二三其心，能锲而不舍，不中道而废，

则无为而不可成,无境而不可造也。《劝学篇》又曰:

> 学至乎没而止也。故学数有终,若其义则不可须臾舍也。为之,人也;舍之,禽兽也。

学至乎没而止,一息尚存,不容稍懈。此刚健奋发之精神,为学者之所必备。学必至于发愤忘食,不知老之将至,方足以言学而不厌。学而不厌,美德也。然而不仅为美德而已,实为人生之所不可不具。人性本恶,学以化之,乃归于善。不学不化,顺其自然,则恶而已矣。安于恶而不学,则是禽兽也。故曰:"为之,人也;舍之,禽兽也。"依性恶以持论,教育的价值,当然益足见重。故荀子书以《劝学篇》首,而《劝学篇》又始以"君子曰:学不可以已。"《劝学篇》曰:

> 君子曰:学不可以已。青,取之于蓝而青于蓝;冰,水为之而寒于水。木直中绳,𫐓以为轮,其曲中规,虽有槁暴,不复挺者,𫐓使之然也。故木受绳则直,金就砺则利,君子博学而日参省乎己,则知明而行无过矣。

人性恶，欲离恶而就善；则学不可以已。学博，则知识足，认识明，足以指导行为而使其无所过失。故荀子之思想体系，其出发点在认定人性本恶与夫善由于为。但欲为善，又必须用知以指导行为；欲有知可用，又必须博学以明之。学博然后知明，知明然后行正，行正然后性化于善。故曰："学不可以已。青，取之于蓝而青于蓝；冰，水为之而寒于水。"言学则才过其性，性虽恶而学足成善也。

学之为言也，有求知之义，有力行之义；二义俱合，方足为学。《劝学篇》曰：

> 学恶乎始？恶乎终？曰：其数则始乎诵经，终乎读礼；其义则始乎为士，终乎为圣人。真积力久则入，学至乎没而止也。故学数有终，若其义则不可须臾舍也。为之，人也；舍之，禽兽也。故《书》者，政事之纪也；《诗》者，中声之所止也；《礼》者，法之大分，群（法：疑衍）类之纲纪也。故学至乎《礼》而止矣。夫是之谓道德之极。《礼》之敬文也，《乐》之中和也，《诗》《书》之博也，《春秋》之

微也，在天地之间者毕矣。

为学之术，在始乎诵经，终乎读礼。礼者，行为之准则也。故曰："法之大分，类之纲纪也。"类者，礼法所无，触类而长者也，有若律条之比附。《天论篇》曰："不知贯，不知应变。"贯者，类之纲纪也。人必通晓行为之准则，而又能依据准则之精意而泛应曲当，然后道德可得而几。此言为学之事须读书以明理。理既明矣，又须身体力行，始足以润美其身。否则记诵之学，谈说之资，何足以裨益人生。故曰："其义则始乎为士，终乎为圣人。"士与君子圣人，乃为学之三大阶段，而为学者之所当努力奔赴者。然而其根本前提，则在乎身体实践。故又曰：

君子之学也，入乎耳，箸乎心，布乎四体，形乎动静，端而言，蝡而动，一可以为法则。小人之学也，入乎耳，出乎口。口耳之间则四寸耳，曷足以美七尺之躯哉？古之学者为己，今之学者为人。君子之学也，以美其身；小人之学也，以为禽犊。《荀子·劝学篇》

人性本恶，故当力学以化性美身。性不化，身不美，虽学何益？学重力行，本为儒者之所同然；惟持性恶之说，则重视力行，尤为不得不然。诚以不勉强为善，则势将听任自然，而恶性之为祸必有不可胜言者矣。《天论篇》曰：

大天而思之，孰与物畜而制之？从天而颂之，孰与制天命而用之？望时而待之，孰与应时而使之？因物而多之，孰与骋能而化之？思物而物之，孰与理物而勿失之也？愿于物之所以生，孰与有物之所以成？故错人而思天，则失万物之情。

荀子于一般人事，皆反对错人而思天，于不事人为听任自然之说，不惜竭力以掊击之。荀子之于自然，其所持之真意，虽不必果如时人之论，确为勘天主义或自然征服说，然而毕竟反对顺任自然而主张有以利用之，故可谓为用天主义。曰："愿于物之所以生，孰与有物之所以成"，言不当就物之始点以存想，当就物之终局以致意。性者，人之所以生者也，何须愿望其善；学者，人之所以成者也，自当力求其正。

错天以思人，故当舍性而言伪，伪者，为也。

为善又贵纯全，不宜驳杂参差。《劝学篇》曰：

百发失一，不足谓善射；千里跬步不至，不足谓善御；伦类不通，仁义不一，不足谓善学。学也者，固学一之也。一出焉，一入焉，涂巷之人也。其善者少，不善者多，桀、纣、盗跖也。全之尽之，然后学者也。君子知夫不全不粹之不足以为美也，故诵数以贯之，思索以通之，为其人以处之，除其害者以持养之，使目非是无欲见也，使耳非是无欲闻也，使口非是无欲言也，使心非是无欲虑也。及至其致好之也，目好之（注：疑诵干，下三之字同）五色，耳好之五声，口好之五味，心利之有天下。是故权利不能倾也，群众不能移也，天下不能荡也。生乎由是，死乎由是，夫是之谓德操。德操然后能定，能定然后能应，能定能应，夫是之谓成人。天见（注：疑当为贵）其明（注：大也），地见（注：疑当为贵）其光（注：通广），君子贵其全也。

善学者，必通伦类之条贯，为仁义而纯一，以至乎尽之，粹之，全之而后止。学之之法，则在于诵说而条贯之，思索而通达之，身体实行以践履之，排除恶诱以持养之。非礼勿视，非礼勿听，非礼勿言，非礼勿动，非礼勿虑。至其所得于学者深，好之极而养之熟，则五色五声五味乃至有天下皆不足以挠之，因其所好有甚焉者在也。是故富贵不能淫，威武不能屈，可以为之生，可以为之死矣。所谓颠沛必于是，造次必于是也。学之终果，应当乃尔。是所谓全也，学之鹄的之所在也。

人之气质，各有所偏，欲其纯粹全尽，必须有以持养之。所谓"除其害以持养之"也。《修身篇》曰：

> 治气养心之术：血气刚强，则柔之以调和；知虑渐（注：通潜）深，则一之以易良；勇胆猛戾，则辅之以道顺；齐给便利，则节之以动止；狭隘褊小，则廓之以广大；卑湿、重迟、贪利，则抗之以高志；庸众驽散，则劫之以师友；怠慢僄弃，则炤（注：同照）之以祸灾；愚款端悫，则合之以礼乐，通之以思

索。凡治气养心之术，莫径由礼，莫要得师，莫神一好。夫是之谓治气养心之术也。

治气养心之术，在即其质之所偏而各用一术以矫之，使归于中正而合于礼法。故守礼在治气养心之术之中，实为其简捷之法。能得师，则知礼自易。能专一其好礼之心，则其功效自神。一好，则其所学，当然能纯能粹能尽能全，而不患心术之不得其养，不得其治矣。

进德要术，端在于学。学而不息，可全可尽。自初学以至于能全能尽，其间有若干阶段可分。大体言之，则有士、君子、圣人之三者。《修身篇》曰：

> 故跬步而不休，跛鳖千里；累土而不辍，丘山崇成；厌其源、开其渎，江河可竭；一进一退，一左一右，六骥不致。彼人之才性之相悬也，岂若跛鳖之与六骥足哉？然而跛鳖致之，六骥不致，是无他故焉，或为之，或不为尔。道虽迩，不行不至；事虽小，不为不成。其为人也多暇日者，其出入不远矣。好法而行，士也。笃志而体，君子也。齐明而不竭，

圣人也。人无法，则伥伥然；有法而无志其义，则渠渠然；依乎法而又深其类，然后温温然。

德业待为而成。其为人也多暇日者、不肯为者也。为又何所依据乎？曰：法。法者，礼也。好礼而行之，可谓为士。固其志以履道，可谓为君子。智虑敏瞻，应变不竭，可谓为圣人。人无礼，则不知所措履；有礼而不识其义，则不知所守；守礼而又深知统类，据原理以应事变，然后有从容中节之妙。故修学要术，首在依礼以制行，积行以成习，其次又当致知以通礼意，礼意通然后于礼得为活泼适当的应用，而行为方不失其明慧的指导。粗通者为君子，精通者为圣人。士者，初发之阶也；圣人者，最高之境也；居乎其间，不高不卑，可为人人之努力目标者，则为君子。故君子为荀子所恒言。《儒效篇》曰：

君子言有坛宇，行有防表，道有一隆。言道德（注：疑当为政治）之求，不下于安存；言志意之求，不下于上；言道德之求，不二后王。道过三代谓之荡，法二后王谓之不雅。高之下之，小之臣（注：当为巨）之，不外是矣，是君子之所以骋志意于坛宇宫庭也。故诸侯问政不及安存，则不告也；匹夫问学不及为士，则不教也；百家之说不及后王，则不听也。夫是之谓君子言有坛宇，行有防表也。

**此言君子言有界域行有标准，乃君子言行之一般准则也。荀子主法后王。《非相篇》曰：**

人之所以为人者，何已（注：同以）也？曰：以其有辨也。饥而欲食，寒而欲暖，劳而欲息，好利而恶害，是人之所生而有也，是无待而然者也，是禹、桀之所同也。然则人之所以为人者，非特以二足而无毛也，以其有辨也。今夫狌狌形笑（注：当为形相），亦二足而（注：当为无）毛也，然而君子啜其羹，食其胾。故人之所以为人者，非特以其二足而无毛也，以其有辨也。夫禽兽有父子而无父子之亲，有牝牡而无男女之别，故人道莫不有辨。辨莫大于分，分莫大于礼，礼莫大于圣王。圣王有百，吾孰法焉？故（注：疑衍）曰：文久而息，节族久而绝，守法数之有司极礼（注：礼字衍）而褫。故曰：欲观圣王之迹，则于其粲然者矣，后王是也。

此荀子言法后王之故，乃由于礼文久则息灭，节奏久则废绝，惟后王粲然，故当法之。后王者，谓文、武也，亦孔子"吾从周"之意耳。《修身篇》曰：

君子之求利也略，其远害也早，其避辱也惧，其行道理也勇。君子贫穷而志广，富贵而体恭，安燕而血气不惰，劳倦而容貌不枯，怒不过夺，喜不过予。君子贫穷而志广，隆仁也；富贵而体恭，杀执也；安燕而血气不惰，柬理也；劳倦而容貌不枯，好交（注：交当作文，文谓礼也）也。怒不过夺，喜不过予，是法胜私也。《书》曰："无有作好，遵王之道；无有作恶，遵王之路。"此言君子之能以公义胜私欲也。

此言君子处各种境况，皆能遵守人间行为之正常法则，而不以一己之私意坏人群之公准。避辱虽若甚怯，而行道理则殊为勇敢，故君子有正大之勇而无血气之勇。"自反而缩，虽千万人，吾往矣"，此行道理之勇也。"自反而仁矣，自反而忠矣，其横逆犹是也，是亦禽兽而已矣，于禽兽又何难焉"，此避辱之怯也。孰谓儒者果为懦夫哉？《儒效篇》曰：

用百里之地而不能以调一天下，制强暴，则非大儒也。彼大儒者，虽隐于穷阎漏屋，无置锥之地，而王公不能与之争名；（在一大夫之地，则一君不能独畜，一国不能独容，成名况乎诸侯，莫不愿得以为臣；）（注：此三十二字疑衍）用百里之地，而千里之国莫能与之争胜，笞棰暴国，齐一天下，而莫能倾也。是大儒之征也。其言有类，其行有礼，其举事无悔，其持险应变曲当，与时迁徙，与世偃仰，千举万变，其道一也。是大儒之稽也。其穷也，俗儒笑之；其通也，英杰化之，嵬琐逃之，邪说畏之，众人媿之。通则一天下，穷则独立贵名，天不能死，地不能埋，桀、妍之世不能污，非大儒莫之能立，仲尼、子弓是也。故有俗人者，有俗儒者，有雅儒者，有大儒者。不学问，无正义，以富利为隆，是俗人者也。逢衣浅带，解果其冠，略法先王而足乱世术，缪学杂举，不知法后王而一制度，不知隆礼义而杀《诗》

《书》；其衣冠行伪已同于世俗矣，然而不知恶者（注：者字衍），其言议谈说已无以异于墨子矣，然而明不能别；呼先王以欺愚者而求衣食焉，得委积足以揜其口则扬扬如也；随其长子，事其便辟，举其上客，偄然若终身之虏而不敢有他志，是俗儒者也。法后王，一制度，隆礼义而杀《诗》《书》，其言行已有大法矣，然而明不能齐，法教之所不及，闻见之所未至，则知不能类也，知之曰知之，不知曰不知，内不自以诬，外不自以欺，以是尊贤畏法而不敢怠傲，是雅儒者也。法先王，统礼义，一制度，以浅持博，以古持今，以一持万，苟仁义之类也，虽在鸟兽之中，若别白黑，倚物怪变，所未尝闻也，所未尝见也，卒然起一方，则举统类而应之，无所儗（注：读为疑）作（注：同作），张法而度之，则暗然若合符节，是大儒者也。

俗人、俗儒、雅儒、大儒凡四层阶段。人各随所志而各有所安，各随其意而各有所指。毁之，可也，特自身须不为俗人。誉之，亦可也，特自身须有志于大儒。否则誉之固无益,毁之亦有损。

至于行为之具体标准,则一本于礼。《君道篇》曰:

> 请问为人君。曰:以礼分施,均遍而不偏。请问为人臣。曰:以礼待君,忠顺而不懈。请问为人父。曰:宽惠而有礼。请问为人子。曰:敬爱而致文。请问为人兄。曰:慈爱而见友。请问为人弟。曰:敬诎而不苟。请问为人夫。曰:致功而不流,致临而有辨。请问为人妻。曰:夫有礼则柔顺听侍,夫无礼则恐惧而自竦也。

据此,可见各种行为之准则,皆在于守礼。《礼论篇》曰:"故绳者,直之至;衡者,平之至;规矩者,方圆之至;礼者,人道之极也。"人间行为,万不可离礼,离礼则乱。荀子认为准则规矩,古今不变。《非相篇》曰:

> 夫妄人曰:"古今异情,其(注:疑脱所字)以治乱者异道。"而众人惑焉。彼众人者,愚而无说,

陋而无度者也。其所见焉，犹可欺也，而况于千世之传乎！妄人者，门庭之间，犹可诬（注：当作挟）欺也，而况于千世之上乎？圣人何以不（注：疑脱可字）欺？曰：圣人者，以己度者也。故以人度人，以情度情，以类度类，以说度功，以道观尽，古今一度（注：度字衍）也。类不悖，虽久同理。

以自身之经验解释他人之经验，乃人间相互了解之基本法则——是所谓"以己度"也。惟自身之经验不足不全不至，则于万变之情曲，不能尽晓也。能尽晓者，惟圣人耳。圣人之认识无不正确，于义类之不相背者，知其理永远同一，不以时间而变异。故曰："类不悖，虽久同理。"世间果无不变的真理乎？不可不深长思之。以吾所见，则自有载籍以来，自然界之法则未变也，人类之天性未变也，人间的基本关系未变，从而所以调适其关系者，亦未变也。

礼者,所以正身也。师者,所以正礼也。

渐论

渐者，渍也，感染也，一物因他物之熏染而生起变化也。易辞以言之，则为环境之转化作用。荀子认性为恶，其所以能化于善者，则由于事为。事为之所以可能者，则缘于渐渍。无渐渍则不知事为，不事为则无以化性于善。故荀子之教育学说，特重外力之感染作用，是盖持性恶说者之必然的结论也。教育之动力，不发自受教者之内心，即来自受教者之外缘。今于受教者之本性，既认为恶矣，则教育之动力，自不能不求之于外界。荀子虽然认定思虑有指导性行之功能，但是其所重视者，毕竟为外界之师与礼法。反乎荀子而持性善说之孟子，虽然亦曾言及规矩准绳，然而在孟子之意，礼义之悦我心，正犹刍豢之悦我口，圣人不过先得我心之所同然者耳。故其修养方法，特重于自力之发挥，如"养吾浩然之心"，如"善推其所为"，如"求放心"种种条教，盖莫非示人以运用自力之方术者。故谓持性善说者特重自力教育，持性恶说者，特重他力教育。

彼西方之性善说者卢梭氏，不惟重视自力教育而已，且主张听任自然而坚决反对任何之干涉，且主张避去社会之熏染而安置儿童于纯净之地带。彼既信赖人类之生性，又复厌恶当代之文明，故以复归自然为其标橥，而谓"凡如自然之原状者，皆为善，一经人为，便成恶"。荀子曰："人之性恶，其善者伪也。"与卢梭意旨，恰属正面冲突。故荀子绝端重视外界之感染，于当时之文化虽然不必满意，特是憧憬于文武之礼法而不厌示人以取法后王。《劝学篇》曰：

> 蓬生麻中，不扶而直。"白沙在涅，与之俱黑。"（注：今本脱此八字）兰槐之根是为芷。其渐之滫，君子不近，庶人不服，其质非不美也，所渐

者然也。故君子居必择乡，游必就士，所以防邪僻而近中正也。

此言环境移人，不可不慎择交游，因所与交游者皆足渐渍我也。《儒效篇》曰：

故圣人也者，人之所积也。人积耨耕而为农夫，积斫削而为工匠，积反（注：读为贩）货而为商贾，积礼义而为君子。工匠之子莫不继事，而都国之民安习其服。居楚而楚，居越而越，居夏而夏，是非天性也，积靡使然也。

积者，频作同一之行为以养成习惯也；靡者，顺也，效法风尚以凝成习惯也。积为努力，靡为模仿。工匠之子，其所以莫不继事者，都国之民，其所以安习其服者，乃至其所以居楚而楚，居越而越，居夏而夏者，皆感染之功力，模仿之作用也。是之谓渐，是之谓靡。然而吾人所宜受其感染者，又为何物乎？《劝学篇》曰：

学莫便乎近其人。《礼》《乐》法而不说，《诗》

《书》故而不切,《春秋》约而不速。方其人之习君子之说,则尊以遍矣,周于世矣。故曰:学莫便乎近其人。

学之经(注:读如径)莫速乎好其人,隆礼次之。上不能好其人,下不能隆礼,安特将学杂识(注:识字衍)志,顺《诗》《书》而已耳,则末世穷年,不免为陋儒而已。将原先王,本仁义,则礼正其经纬蹊径也。若挈裘领,诎五指而顿之,顺者不可胜数也。

**渐染之法有二,第一在近其人,第二在隆礼,而二者之间,又有不可分离之关系。**《修身篇》曰:

礼者,所以正身也。师者,所以正礼也。无礼,何以正身?无师,吾安知礼之为是也?礼然而然,则是情安礼也。师云而云,则是知若师也。情安礼,知若师,则是圣人也。故非礼,是无法也;非师,是无师也。不是师法而好自用,譬之是犹以盲辨色,以聋辨声也,舍乱妄无为也。故学也者,礼法也。夫师,以身为正仪而贵自安者也。《诗》云:"不识不知,顺帝之则。"此之谓也。

一身之行为,依据矩范始得而正。礼之必要与功用,正在于此。然而欲明礼之是非,无师以启发而指导之,亦难得其正矣。毁法谤师,自堕恶道而已。或谓依傍师法以为学,是藉他力以行教育,非教育之究竟境地。教育之究竟地,实为自力教育。一切道德,皆当发于自心;一切判断,皆当依据自信。若取法乎礼,又安知礼之果是而非非耶?若取决于师,又安知师之必归于是而万无一失耶?是非之究竟审判官,实为理性,一切言行,概当诉诸理性之前。理性认为是,虽礼与师皆谓为非,吾必以为是;理性认为非,虽礼与师皆认为是,吾必谓为非。必如是,然后礼法之错误可得而纠正,师言之纰缪,可得而认识。文明始有进步之可能,知识始有增益之希望。希腊古哲之言曰:"吾爱吾师,吾尤爱真理。"好学之士,不当如是乎?

此说也,用之于成年人则可,用之于学校儿童则不可;用之于秀杰之士则可,用之于多数人众则不可。试问能为独立思考者,世间能有几人?试问能自为判断不失正鹄而又果然不为他人之暗示所影响者,世间更有几人？试问能独立发现真理而有崭新贡献于文明者，世间又有几人？独立判断，自为思考，未始不可。特是不假师法之力而欲人人独立判断，自为思考，是何异以真理之发明家或几微之认识者，期望之于举世之人人乎？夫人而知其不可能也。且即在少数果能独立思考之人，于独立思考之先，亦必于民族已有之知识充分了解而领受之，然后可以进为独立的思考。礼为民族知识之结晶，师为民族知识之代表。蔑礼弃师，而望真知之获得，是何异南辕而北辙。人于年幼之时，知识未充之际，于师于礼，皆当存一尊崇之心，而力求所以了解之，把握之，融受之。若未曾了解，便事批判，则亦妄人而已，灾必逮乎其身。若夫深思独见之士，确知礼有不是，师有不然，则改之正之，其术殊多，不患尊礼崇师之果足窒塞思想之自由与夫社会之进步也。勇于思维者，决不能为故常所拘囿，而寻常人众，不树之以堤防，则横流溃决，转瞬间事耳。故荀子之论，系就大众之教育以立言也。大众者，有模仿而无创造，有吸收而无独思者也。不知此事，不足与言教育。独立思考，特殊见解，乃世人之所罕能而又常喜用以自欺自慰者也。所谓近其人者，尊师与择友之谓也。《性恶篇》曰：

> 夫人虽有性质美而心辩知，必将求贤师而事之，择良友而友之。得贤师而事之，则所闻者，尧、舜、禹、汤之道也；得良友而友之，则所见者，忠、信、敬、让之行也。身日进于仁义而不自知也者，靡使然也。今与不善人处，则所闻者，欺诬诈伪也；所见者，污漫、淫邪、贪利之行也。身且加于刑戮而不自知者，靡使然也。传曰："不知其子视其友，不知其君视其左右。"靡而已矣！靡而已矣！

人之知识，取之于其交游；人之性格，亦得之于其交游。所谓自我者，乃社会熏染之所形成，染于苍则苍，染于黄则黄者也。此人之所以贵得贤师良友也。礼是行为之准则，凡法制规例皆属之。礼之为用，又何如乎？《礼论篇》曰：

> 礼起于何也？曰：人生而有欲，欲而不得则不能无求，求而无度量分界则不能不争，争则乱，乱则穷。先王恶其乱也，故制礼义以分之，以养人之欲，

给人之求，使欲不必穷乎物，物必不屈于欲，两者相扶而长，是礼之所起也。

礼之功用，就客观言之，在为人己之间，树立共守之界限，各不相侵，斯各得其求。就主观言之，在使欲不过度，物不为欲所屈。个人由是而安，社会由是而定。各人之欲，苟穷乎物而不止，则势必侵人之所有而享受不得其平，享受不得其平，于是而争夺起，纷乱生。《正名篇》曰：

> 凡语治而待去欲者，无以道欲而困于有欲者也。凡语治而待寡欲者，无以节欲而困于多欲者也。有欲无欲，异类也，性之具也（注：此四字原文作生死也，疑误），非治乱也。欲之多寡，异类也，情之数也，非治乱也。欲不待可得，而求者从所可。欲不待可得，所受乎天也；求者从所可，所（注：原文脱去）受乎心也。所受乎天之一欲，制于所受乎心之多，固难类所受乎天也。人之所欲，生甚矣，人之所恶，死甚矣，然而人有从生成死者，非不欲生而欲死也，不可以生而可以死也。故欲过之而动不及，心止

之也。心之所可中理，则欲虽多，奚伤于治！欲不及而动过之，心使之也。心之所可失理，则欲虽寡，奚止于乱！故治乱在于心之所可，亡于情之所欲。不求之其所在，而求之其所亡，虽曰我得之，失之矣。性者，天之就也。情者，性之质也；欲者，情之应也。以所欲为可得而求之，情之所必不免也；以为可而道之，知所必出也。故虽为守门，欲不可去，性之具也。虽为天子，欲不可尽。欲虽不可尽，可以近尽也；欲虽不可去，求可节也。

欲为情之应，情为性之质，性为天之就，故欲为所受乎天。欲有可得，有不可得，而求者从所可，是则心思智虑之功能，而吾人之所资以导欲节欲者也。导之节之将奈何？曰：期其中理而已。中理则欲不患多，失理则虽寡不可。欲者，性之具也，所受乎天者也，不可得而去，然而可得而节也。节之以心智，斯可合理矣。理者，心之所可者也。礼者，礼之所凝现者也。就其为抽象者以言之，则为理；就其为具体者以言之，则为礼。故导欲以理与以礼导欲，实互相印证而不相悖谬。理为吾心之所认定，而礼则为先哲之所制成，先哲之创制之也，亦复以理为据。《礼论篇》曰：

> 礼之理诚深矣，坚白同异之察入焉而溺；其理诚大矣，擅作典制辟陋之说入焉而丧；其理诚高矣，暴慢、恣睢、轻俗以为高之属入焉而队。

曰：礼之理，足见礼之中自含有其原理也。规则典制之所以构成，自有其理由在；无理由的律例，决不能推行久远。故荀子教人，虽以具体的礼为依归，而其究竟依据则仍在乎理。初学者，恪守具体矩范以立身制行，斯可无大过矣。更进而洞察礼之本源，畅晓礼之微意，则足以参赞化育而登圣哲之堂，入圣哲之室矣；然而非人人之所能几及也。立法创制，究属少数人事。于多数人，但期循礼守法可也。

礼之功用，在养人之欲，给人之求，前已言之矣。兹更为一言，以引伸其说。《礼论篇》曰：

> 孰知夫出死要节之所以养生也？孰知夫出费用之所以养财也？孰知夫恭敬辞让之所以养安也？孰知

夫礼义文理之所以养情也？故人苟生之为见，若者必死；苟利之为见，若者必害；苟怠惰偷懦之为安，若者必危；苟情说（注：读为悦）之为乐，若者必灭。故人一之于礼义，则两得之矣；一之于情性，则两失之矣。故儒者将使人两得之者也，墨者将使人两丧之者也，是儒墨之分也。

"孰知夫"之"孰"，杨注解作"甚"，兹认作诘问之辞；玩下文"苟生""苟利""苟怠惰偷懦"诸语，似以释作诘问辞于语气为顺。苟生反死，苟利反害，苟安反危，苟乐反亡，是以情性之欲须合于礼义。以礼养性，使其发也，尤背于中，然后可生、可利、可安、可乐。故曰："礼义者，治之始也。"《王制篇》是为礼之功用。其次，请论礼之精意。《礼论篇》曰：

礼有三本：天地者，生之本也；先祖者，类之本也；君师者，治之本也。无天地恶生？无先祖恶出？无君师恶治？三者偏亡焉，无安人。故礼，上事天，下事地，尊先祖而隆君师，是礼之三本也。

人类之生存、产出、治安,分别有赖于天、地、亲、君、师,故天、地、亲、君、师为生存、产出、治安之所本,而礼之本亦即在此三者。又曰:

大飨,尚玄尊,俎生鱼,先大羹,贵食饮之本也。飨,尚玄尊而用酒醴,先黍稷而饭稻粱;祭,齐(注:齐读为齍,升也)大羹而饱庶羞,贵本而亲用也。贵本之谓文,亲用之谓理,两者合而成文,以归大(注:大读为太)一,夫是之谓大隆。故尊之尚玄酒也,俎之尚生鱼也,俎之先大羹也,一也。利爵之不醮也,成事之不俎不尝也,三臭之不食也,一也。大昏之未发齐(注:发齐,谓婚礼父亲醮子而迎)也,大庙之未入尸也,始卒之未小敛也,一也。大路之素未(注:素未当为素末,素末即素帛)集(注:帻之假字)也,郊之麻绕也,丧服之先散麻也,一也。三年之丧,哭之不文(注:疑当作反)也,《清庙》之歌,一倡而三叹也,县一钟,尚拊之(注:之字衍)膈,朱弦而通越也,一也。凡礼,始乎梲(注:梲疑当作税,税者敛也),成乎文,终乎悦校

（注：校疑当作恔）。故至备，情文俱尽；其次，情文代胜；其下，复情以归大一也。

贵本则溯追上古，礼至备矣，兼备之谓文；亲用则曲尽人情，礼至察矣，密察之谓理；理又统于文，故曰："两者合而成文。"礼虽备成文礼，然犹不忘本而归于太一。太一，谓太古时也。文理归于太一，是礼之盛也。"故尊之尚玄酒"以下诸古礼，虽未能尽得其读，通其义，要其大意不外一于古而从乎质也。凡礼，始乎收敛，成乎文饰，终乎悦快。情文俱尽，乃为礼之至备。情谓礼意，如丧主哀，祭主敬之类；文谓礼物威仪也。其次，情文不能俱尽，或情胜于文，或文胜于情，是亦礼之次也。又其次，虽无文饰，但复情以归质素，亦不失为礼，若潢污行潦之水可荐于鬼神是也。礼之度数文物，或繁或省，有其一定之理法。《礼论篇》又曰：

礼者，以财物为用，以贵贱为文，以多少为异，以隆杀为要。文理繁，情用省，是礼之隆也；文理省，情用繁，是礼之杀也；文理情用，相为内外表里，并行而杂（注：杂读为匝，周匝也），是礼之中流也。君子上致其隆，下尽其杀，而中处其中。

财物如赠品之类，贵贱如勋章之类，多少如礼炮有数额之类，隆杀则随宜升降，唯求其适。文理谓威仪，情用谓忠诚。文过于情，是礼之隆盛；情过于文，是虽减杀，亦复成礼。文情或丰或杀，表里符应，并行周帀，得礼之中道。知礼者于大礼则极其隆厚，小礼则尽其降杀，用得其中，皆不失礼也。

人之行动，或公或私，莫不有则，斯莫不有礼。然而礼有其所谨。《礼论篇》曰：

礼者，谨于治生死者也。生，人之始也；死，人之终也；终始俱善，人道毕矣！故君子敬始而慎终。终始如一，是君子之道，礼义之文也。夫厚其生而薄其死，是敬其有知而慢其无知也，是奸人之道而倍叛之心也。君子以倍叛之心接臧谷，犹且羞之，而况以事其所隆亲乎！故死之为道也，一而不可得再复也，臣之所以致重其君，子之所以致重其亲，于是尽矣。故事生不忠厚、不敬文谓之野，送死不忠厚、不敬文谓之瘠。君子贱野而羞瘠。

慎终追远,民德归厚,故君子不以天下俭其亲。此狭义的功利主义者之所忽也。然而丧葬之仪,踵事增华;于物为浪费,于情为不必。哭泣之哀,毁性伤生,于亲为不孝,于己为愚昧。知礼者皆不为也。礼贵得中。《礼论篇》曰:

丧礼之凡,变而饰,动而远,久而平。故死之为道也,不饰则恶,恶则不哀,尒(注:同迩)则玩,玩则厌,厌则忘,忘则不敬。一朝而丧其严亲,而所以送葬之者不哀不敬,则嫌于禽兽矣,君子耻之。故变而饰,所以灭恶也;动而远,所以遂敬也;久而平,所以优生也。礼者,断长续短,损有余,益不足,达爱敬之文,而滋成行义之美者也。故文饰、粗恶,声乐、哭泣,恬愉、忧戚,是反也,然而礼兼而用之,时(注:更也)举而代御。故文饰、声乐、恬愉,所以持平奉吉也;粗衰、哭泣、忧戚,所以持险奉凶也。故其立文饰也,不至于窕冶;其立粗衰也,不至于瘠弃;其立声乐恬愉也,不至于流淫惰慢；其立哭泣哀戚也，不至于隘慑伤生：是礼之中流也。故情貌之变足以别吉凶，明贵贱亲疏之节，期（注：期当为斯）止矣。外是，奸也，虽难，君子贱之。

据此，可见礼有其中，行贵适度；自外于是者，殆将邀名求利也。故称之曰：奸。又曰：

三年之丧何也？曰：称情而立文，因以饰群别、亲疏、贵贱之节而不可益损也，故曰无适不易之术也。创巨者其日久，病甚者其愈迟，三年之丧，称情而立文，所以为至痛极也。齐衰、苴杖、居庐、食粥、席薪、枕块，所以为至痛饰也。三年之丧，二十五月而毕，哀痛未尽，思慕未忘，然而礼以是断之者，岂不以送死有已，复生有节也哉？凡生乎天地之间者，有血气之属必有知，有知之属莫不爱其类。今夫大鸟兽则（注：若也）失亡其群匹，越月逾时则必反铅（注：同沿）过故乡，则必徘徊焉，鸣号焉，踯躅焉，踟蹰焉，然后能去之也。小者是燕爵，犹有啁噍之顷焉，然后能去之。故有血气之属莫知于人，故人之于其亲也，至死无穷。将由夫愚陋淫邪之人与？则彼朝死而夕忘之，然而纵之，则是曾鸟兽之不若也！彼安能相与群居而无乱乎？将由夫修饰之君子与？则三年之丧，二十五月而毕，若驷之过隙，然而遂之，则是无穷也。故先王圣人安为之立中制节，一使足以成文理，则舍之矣。

然则何以分之？曰：至亲以期断。是何也？曰：天地则已易矣！四时则已遍矣！其在宇中者，莫不更始矣！故先王案以此象之也。然则三年何也？曰：加隆焉，案使倍之，故再期也。由九月以下，何也？曰：案使不及也。故三年以为隆，缌、小功以为杀，期、九月以为间。上取象于天，下取象于地，中取则于人，人所以群居和一之理尽矣。故三年之丧，人道之至文者也。夫是之谓大隆，是百王之所同，古今之所一也。君之丧所以取三年，何也？曰：君者，治辨之主也，文理之原也，情貌之尽也，相率而致隆之，不亦可乎？《诗》曰："恺悌君子，民之父母。"彼君子者，固有为民父母之说焉。父能生之，不能养之；母能食之，不能教诲之；君者，已能食之矣，又善教诲之者也，三年毕矣哉！乳母，饮食之者也，而三月；慈母，衣被之者也，而九月；君，曲备之者也，三年毕乎哉！得之则治，失之则乱，文之至也；得之则安，失之则危，情之至也。两至者俱积焉，以三年事之犹未足也，直无由进之耳。

礼为人群树立一定之准则，使情笃者俯而就之，使情薄者仰而及之，勿使薄者流于刻毒，厚者流于沉溺。此礼在人群中之伟大功用也。于其所厚者薄，则无所不用其薄矣。人情浇薄，群类犹能相与群居而无乱乎？三年之丧，立法用意，盖立足于社会本位，所以和一人群者也，视为家族道德者，陋矣。在"君即国家""君即政府"之时代，君乃所以保持秩序、维公义、设教化者也。于君而报之以三年之丧，即所以报国家报政府也。不遭丧乱之祸者，不识国恩之浩大。惟备沾国泽者，始可高唱打破国界以自娱！亡国之民，乌足言者！

孟氏，醇乎醇者也！荀与杨，大醇而小疵。

考其辞，时若不粹，要其归，与孔子异者鲜矣。抑犹在轲、雄之间乎？孔子删《诗》《书》，笔削《春秋》，合于道者著之，离于道者黜去之，故《诗》《书》《春秋》无疵。余欲削荀氏之不合者，附于圣人之籍，亦孔子之志与？孟氏，醇乎醇者也！荀与扬，大醇而小疵。

**此韩退之《读荀子》文，大醇小疵，不失为推崇之论。后之尊荀者宗焉。**

尝读《孔子世家》，观其言语文章，循循莫不有规矩，不敢放言高论，言必称先王。然后知圣人忧天下之深也！茫乎不知其畔岸而非远也！浩乎不知其津涯而非深也！其所言者，匹夫匹妇之所共知，而所行者，圣人有所不能尽也。呜呼！是亦足矣！使后世有能尽吾说者，虽为圣人无难，而不能者，不失为寡过而已矣。子路之勇，子贡之辩，冉有之智，此三者，皆天下之所谓难能而可贵者也。然三子者，每不为夫子之所悦。颜渊默然不见其所能，若无以异于众人者，而夫子亟称之。且夫学圣人者，岂必其言之云尔

# 后论

荀子之学后世誉者少而毁者多，誉之毁之，得失如何，所关于吾人者诚小，然而荀子之学所及于后世之影响，可由是而窥知也。故进而试为探索之。

始吾读孟轲书，然后知孔子之道尊，圣人之道易行，王易王，伯易伯也。以为孔子之徒没，尊圣人者，孟氏而已。晚得扬雄书，益尊信孟氏。因雄书而孟氏益尊，则雄者，亦圣人之徒与！圣人之道不传于世，周之衰，好事者各以其说干时君，纷纷籍籍相乱，六经与百家之说错杂，然老师大儒犹在。火于秦，黄老于汉，其存而醇者，孟轲氏而止耳！扬雄氏而止耳！及得荀氏书，于是又知有荀氏者也。

## 后论

哉？亦观其意之所向而已。夫子以为后世必有不能行其说者矣，必有窃其说而为不义者矣，是故其言平易正直，而不敢为非常可喜之论，要在于不可易也。昔者常怪李斯事荀卿，既而焚灭其书，大变古先圣王之法，于其师之道，不啻若寇仇。及今观荀卿之书，然后知李斯之所以事秦者，皆出于荀卿而不足怪也。荀卿者，喜为异说而不让，敢为高论而不顾者也。其言，愚人之所惊，小人之所喜也。子思、孟子，世之所谓贤人君子也；荀卿独曰："乱天下者，子思、孟轲也。"天下之人，如此其众也，仁人义士，如此其多也；荀卿独曰："人性恶。桀、纣，性也；尧、舜，伪也。"由是观之，意其为人必也刚愎不逊，而自许太过。彼李斯者，特又甚者耳！今夫小人之为不善，犹必有所顾忌，是以夏、商之亡，桀、纣之残暴，而先王之法度、礼乐、刑政，犹未至于绝灭而不可考者，是桀、纣犹有所存而不敢尽废也。彼李斯者独能奋而不顾，焚烧夫子之六经，烹灭三代之诸侯，破坏周公之井田，此亦必有所恃者矣。彼见其师历诋天下之贤人，以自是其愚，以为古圣先王皆无足法者，不知荀卿特以快一时之论，而荀卿亦不自知其祸之至于此也。其父杀人报仇，其子必且行劫。荀卿明王道，述礼乐，而李斯以其学乱天下，其高谈异论，有以激之也。孔、孟之论，未尝异也，而天下卒无有及者。苟天下果无有及者，则尚安以求异为哉？

此苏子瞻《荀卿论》。其攻击荀卿也，总言之为一点，析言之有三事。一点者，好高谈异论诋诽前贤。三事者，非十二子而及于子思孟轲，一也；言人之性恶，其善者伪也，二也；李斯以其学乱天下，三也。此三点，后人皆有辩护之者，《四库全书总目》云：

况之著书，主于明周、孔之教，崇礼而劝学。其中最为口实者，莫过于《非十二子》及《性恶》两篇。王应麟《困学纪闻》据《韩诗外传》所引，卿但非十子，而无子思、孟子，以今本为其徒李斯等所增，不知子思、孟子后来论定为圣贤耳。其在当时，固亦卿之曹偶，是犹朱、陆之相非，不足讶也。至其以性为恶，以善为伪，诚未免于理未融。然卿恐人恃性善之说，任自然而废学，因言性不可恃，当勉力于先王之教。故其言曰："凡性者，天之所就也，不可学，不可事；礼义者，圣人之所生也，人之所学而能，所事而成者也。不可学、不可事而在人者谓之性，可学而能、可事而成之在人者谓之伪。是性伪之分也。"其辨白"伪"字甚明。杨倞注亦曰："伪，为也。凡非天性而人作为之者，皆谓之伪。故伪字人旁加为，亦会意字也。"其说亦合卿本意。后人昧于训诂，误以为"真伪"之伪，遂哗然掊击，谓卿蔑视礼义，如老、庄之所言。是非惟未睹其全书，即《性恶》一篇，自篇首二句以外，亦未竟读矣。平心而论，卿之学源出孔门，在诸子之中最为近正，是其所长；主持太甚，词义或至于过当，是其所短。韩愈"大醇小疵"之说，要为定论，余皆好恶之词也。

此论辨明非思、孟，言性恶之二点，而亦不护其所短，承认主持太甚，词义或至于过当。世之祖荀者，其持说犹有甚焉者，录谢、钱两家之论于后。

愚窃尝读其全书，而知荀子之学之醇正，文之博达，自四子而下，洵足冠冕群儒，非一切名、法诸家所可同类共观也。观于《议兵篇》对李斯之问，其言仁义与孔、孟同符，而责李斯以不探其本而索其末，切中暴秦之弊。乃苏氏讥之，至以为"其父杀人，其子必且行劫"。然则陈相之从许行，亦陈良之咎欤？此所谓欲加之罪也。荀子在战国时，不为游说之习，鄙苏、张之纵横，故《国策》仅载谏春申君事，大旨劝其择贤而立长，若早见及于李园棘门之祸而为"厉人怜王"之词，则先几之哲，固异于朱英策士之所为。故不见信于春申而以兰陵令终。则其人品之高，岂在孟子下？顾以嫉浊世之政而有《性恶》一篇，且诘孟子性善之说而反之，于是宋儒乃交口攻之矣。尝即言性者论之。孟子言性善，盖勉人以为善而为此言；荀子言性恶，盖疾人之为恶而为此言。要之，绳以孔子相近之说，则皆为偏至之论。谓性恶，则无上智也；谓性善，则无下愚也。韩子亦疑于其义，而为三品之说。上品下品，盖即不移之旨，而中品则视习为转移，固胜于二子之言性者矣。然孟子偏于善，则据其上游；荀子偏于恶，则趋乎下风，由愤

时疾俗之过甚，不觉其言之也偏。然尚论古人，当以孔子为权衡，过与不及，师、商均不失为大贤也。谢墉《荀子笺释》序

盖自仲尼既殁，儒家以孟、荀为最醇。太史公叙列诸子，独以孟、荀标目，韩退之于荀氏，虽有"大醇小疵"之讥，然其云"吐辞为经"，"优入圣域"，则与孟氏并称，无异词也。宋儒所訾议者，惟《性恶》一篇。愚谓孟言性善，欲人之尽性而乐于善；荀言性恶，欲人之化性而勉于善。立言虽殊，其教人以善则一也。宋儒言性，虽主孟氏，然必分义理与气质而二之，则已兼取孟、荀二义。至其教人以变化气质为先，实暗用荀子化性之说。然则《荀子》书讵可以小疵訾之哉？钱大昕《荀子笺释》跋

以悖悍之心，逞轻狂之笔，于先贤任意诋毁，其罪恶之大，固非自由思想与独立判断诸义所得而维护。然思孟之与荀，本为曹偶，确如《四库书目》之所云然。故攻击子思孟子，不足以为荀卿之过。评判荀卿，其关键仍在性恶论。性恶之说，于政治教育，

究有如何之关系乎？是则吾人所宜探讨之一问题也。

夫人性既已恶矣，操执政权者欲人民之努力国事服从政令也，其将何术之是取乎？教之以圣王之礼义乎？则礼义非彼所固有，彼又安肯虚心承教而乐意奉行之乎？蠢尔众生，亦惟有诱之以利耳。诱之以利而不从，则执政者必将胁之以势临之以刑矣。自执政者观之，人性本恶，人类本非良好之物，教之既不化，诱之又不从，虽杀之，亦不为过矣，杀戮不良之物，又乌足惜者？此性恶论之必然的结论也。若持性善之说，则认定众生无一不善，其不善者一时之迷误，固皆可教而善者也；纵或教而不改，犹或缘于教术之不良，而不敢遽加刑戮。以人性为善者，待人恒恕；以人性为恶者，待人常刻。持性善论之政治家，每着眼于正己以格人，而重视教化。持性恶论之政治家，则恒树立法度以齐一人民，不听，则归咎人民而绳之以刑威。此皆事有关联，理有必至者也。兹试一探究荀子意中之政治动力或教化动力其真相果何如者？

先王恶其乱也，故制礼义以分之，以养人之欲，给人之求。使欲必不穷乎物，物必不屈于欲，两者相持而长，是礼之所起也。《荀子·礼论篇》

世俗之为说者曰："尧、舜不能教化。是何也？曰：象、朱不化。"是不然也。尧、舜，至天下之善教化者也，南面而听，天下生民之属，莫不振动从服以化顺之。然而朱、象独不化，是非尧、舜之过，朱象之罪也。尧、舜者，天下之英也；朱、象者，天下之嵬，一时之琐也。今世俗之为说者，不怪朱、象，而非尧、舜，岂不过甚矣哉！夫是之谓嵬说。《荀子·正论篇》

故古者圣人以人之性恶，以为偏险而不正，悖乱而不治。故为之立君上之执以临之，明礼义以化之，起法正以治之，重刑罚以禁之，使天下皆出于治，合于善也。是圣王之治而礼义之化也。今当试去君上之执，无礼义之化，去法正之治，无刑罚之禁，倚而观天下民人之相与也，若是，则夫强者害弱而夺之，众者暴寡而哗之，天下之悖乱而相亡不待顷矣。《荀子·性恶篇》

荀子认定礼之机能在养人之欲，给人之求，是故制礼之事正所以养人之欲给人之求者，是为功利主义的解释；遵循此说，一遇礼与欲不能并存之时，鲜有不弃礼从欲者。何以故？礼之功用，本在给人之求，养人之欲，今礼与欲求相捍格，守礼则不得其欲，不获其求，吾又曷为而必须守礼哉？借曰为人群计，必须抑己以守礼，为久远计，必须忍痛暂时以守礼。然而久远之事终属渺茫，眼前利害，关系深切，牺牲关系深切者以追求其终属渺茫者，要非人人之所恒能。至于为人群计而守礼，则依功利主义言之，群自群，我自我，我又奚为牺牲个己以利大群哉？故功利主义能使人讲求道德于平时，而不能使人秉礼守义于非常之际。此吾人所以读《史记·李斯传》未尝不废书而叹也。当赵高劝以杀扶苏立胡亥之际，李斯之拒之也，可谓义正辞严矣。

高乃谓丞相斯曰："上崩，赐长子书，与丧会咸阳而立为嗣。书未行，今上崩，未有知者也。所赐长子书及符玺皆在胡亥所，定太子在君侯与高之口耳。

## 后论

事将何如？"斯曰："安得亡国之言！此非人臣所当议也！"高曰："君侯自料能孰与蒙恬？功高孰与蒙恬？谋远不失孰与蒙恬？无怨于天下孰与蒙恬？长子旧而信之孰与蒙恬？"斯曰："此五者皆不及蒙恬，而君责之何深也？"高曰："高固内官之厮役也，幸得以刀笔之文进入秦宫，管事二十余年，未尝见秦罢免丞相功臣有封及二世者也，卒皆以诛亡。皇帝二十余子，皆君之所知。长子刚毅而武勇，信人而奋士，即位必用蒙恬为丞相，君侯终不怀通侯之印归于乡里，明矣。高受诏教习胡亥，使学以法事数年矣，未尝见过失。慈仁笃厚，轻财重士，辩于心而诎于口，尽礼敬士，秦之诸子未有及此者，可以为嗣。君计而定之。"斯曰："君其反位！斯奉主之诏，听天之命，何虑之可定也？"高曰："安可危也，危可安也。安危不定，何以贵圣？"斯曰："斯，上蔡闾巷布衣也，上幸擢为丞相，封为通侯，子孙皆至尊位重禄者，故将以存亡安危属臣也。岂可负哉！夫忠臣不避死而庶几，孝子不勤劳而见危，人臣各守其职而已矣。君其勿复言，将令斯得罪。"

斯时之斯，秉礼之心甚坚，守义之心甚笃，不失为笃信善道之士。及赵高反复胁以祸害，饲以爵禄，斯乃仰天而叹，垂泪太息曰："嗟乎！独遭乱世，既以不能死，安托命哉？"于是斯乃听高。

斯之意将以免祸而已，其礼义之心不敌其免祸之心之切耳。孟子曰："生，我所欲也；义，亦我所欲也。二者不可得兼，舍生而取义者也。"舍生取义，决不能得之于计算功利之俦。惟有视礼义为其生命中之最堪宝贵之一部分者，始能举其生命以殉之。孟子曰："恻隐之心，仁之端也；羞恶之心，义之端也；辞让之心，礼之端也；是非之心，智之端也。人之有四端也，犹其有四体也。有是四端而自谓不能者，自贼者也；谓其君不能者，贼其君者也。凡有四端于我者，知皆扩而充之矣。若火之始然，泉之始达，苟能充之，充以保四海，苟不充之，不足以事父母。"惟其知"仁义礼智，非由外铄我也，我固有之也"，故兢兢操持，不敢失坠；勤勤存养，务求扩充；可穷，可困，可生，可死，而不可使丧其所守。与彼视礼义为身外之物者，其气象自不侔矣。

后论

惟其视礼义为身外之物也，故欲人之化于礼义也，必临之以势，禁之以刑。性既恶矣，化于礼义之动力，不存于内，自当求之于外。外之所有者，庆赏爵禄而已，刑罚威势而已。由刻者为之，尤喜用刑罚威势而不用庆赏爵禄。且人性既恶，人斯可恶，以可恶之心观人，则人之可杀，夫复何疑。是以李斯有人主当行督责之术之论。与其当怪朱象，不当责尧舜之意，正相符合。《史记》载李斯对二世书，有曰：

夫贤主者，必且能全道而行督责之术者也。督责之，则臣不敢不竭能以徇其主矣。此臣主之分定，上下之义明，则天下贤不肖莫敢不尽力竭任以徇其君矣。是故主独制于天下而无所制也。能穷乐之极矣，贤明之主也，可不察焉？故申子曰"有天下而不恣睢，命之曰以天下为桎梏"者，无他焉，不能督责而顾以其身劳于天下之民若尧、禹然，故谓之桎梏也。夫不能修申、韩之明术，行督责之道，专以天下自适也，而徒务苦形劳神，以身徇百姓，则是黔首之役，非畜天下者也，何足贵哉？夫以人徇己，则己贵而人贱；以己徇人，则己贱而人贵。故徇人者贱，而人所徇者贵，自古及今，未有不然者也。凡古之所为尊贤者，为其贵也；而所为恶不肖者，为其贱也。而尧、禹以身徇天下者也，因随而尊之，则亦失所为尊贤之心矣。夫可谓大缪矣。谓之为桎梏，不亦宜乎？不能督责之过也。故韩子曰"慈母有败子，而严家无格虏"者，何也？则能罚之加焉必也。故商君之法，刑弃灰于道者。夫弃灰，薄罪也，而被刑，重罚也。彼唯明主为能深督轻罪。夫罪轻且督深，而况有重罪乎？故民不敢犯也。

荀卿之学，一变而为韩非、李斯酷刻之论，世之议者，率不得其说，左之右之，皆以好恶为之。吾人默察性恶论与督责术间具有如何之关联，斯可迎刃而解矣。大抵持性善说者，于教育主自动，于政治戒干涉（尚无为）；持性恶论者，于教育主束缚，于政治重钳制。荀子性恶之论，于其徒韩非、李斯之所为，要不能谓为全无责任。

性论之关系政治教育，既如是其热切，然则性之真相，究竟为善，抑为恶乎？于此一问题，可摒去一切枝节之论而径认为善。其中理由，盖有数端。依《天演论》言之，至今日而迄能保持其生存之人类，实为同类生物无数种族中之硕果仅存者，其余则皆为天演大化所卷洗以去也。今日之人类，其所以能巍然独存者，以其能适于生存也。夫人类之爪牙不及豺狼，善走不及猿猴，其所以适于生存，能驭百兽者，以其能群耳。人有此能群之性，故于害群之行动，不但为人所不容，亦且为己所不许。群有灾祸，则忧苦之；我有害群之行，则能辨识其非而羞耻之。群之所以凝结不散者，非由于后天之利害计算，乃缘于先天之保群种性。夫所谓善者，揆其要，不外人群同存同荣之道耳。今人生而能群，故可断言人性为善。彼不能合群之人种必已早为天演所淘汰，而不能存留迄今。

或谓人性善矣，何以人多恶行？而怨恨嫉忌之心亦岂非人类所生而俱有乎？若然，将何以自圆于性善之说？曰：是不难。人类天性之发动？不必一一皆成善行，然而正无妨于性之为善。性善而不能使人必归于善也。心之好善与否，性也；为之而果善与否，则有赖于学也。事理不明，不足成善；操术不精，亦不足成善。故性虽善而有赖于学。且即在彼身为不善之俦，其内心盖犹有向上之心存焉，而不肯自甘于下流，不以罪恶自安，而视为自身终局之所在。鸟之将死，其鸣也哀；人之将死，其言也善。世间暴厉恣睢不顾一切者，每每临老而忏悔、至死而哀鸣。执迷不悟、死而无悔者，盖未之多见。此其何故也？人皆生而有向上之心故也。有此向上之心，纵然堕入下流，而不肯以下流自终，犹有翻然上进之可能。人必占据上游，归宿善境，而后视为自身究竟归局之所在。故就此义言之，人性亦复确实为善。性恶说固无当于理，而善恶混说乃至性三品说亦殊无必要。盖性善而不能使人必归于善，一也，身为不善而仍有向上之心在，二也。执行为之成果以判断天性之本然者，皆昧于此理者也。至于荀子何以力言性恶，则其故或缘于愤嫉时政，或由于勉人为善，两者要可各备一说。荀子者，心存济世之人也。非学究者流先有一种心理学学说而后思所以应用于政治教育诸方面者之所可得而比拟者也。彼实自有其实际问题，自有其解决办法；更依其办法以探求一种学术的解说者也。使此论而是者，则荀卿殆有见于当时政靡俗弊，欲挟政权上千钧之力以矫正之于转瞬之间，故不喜性善论者所持之柔和方策，而发为性恶论，以鼓动政教上之积极作为也。其求治之心甚切，又乌知其祸之流为韩李之术哉？